釜石ラグビーの挑戦

釜石ラグビーの挑戦 ◎ 目次

第2章 決意――闘将加わり上昇気流 86

■ラグビールール基礎知識

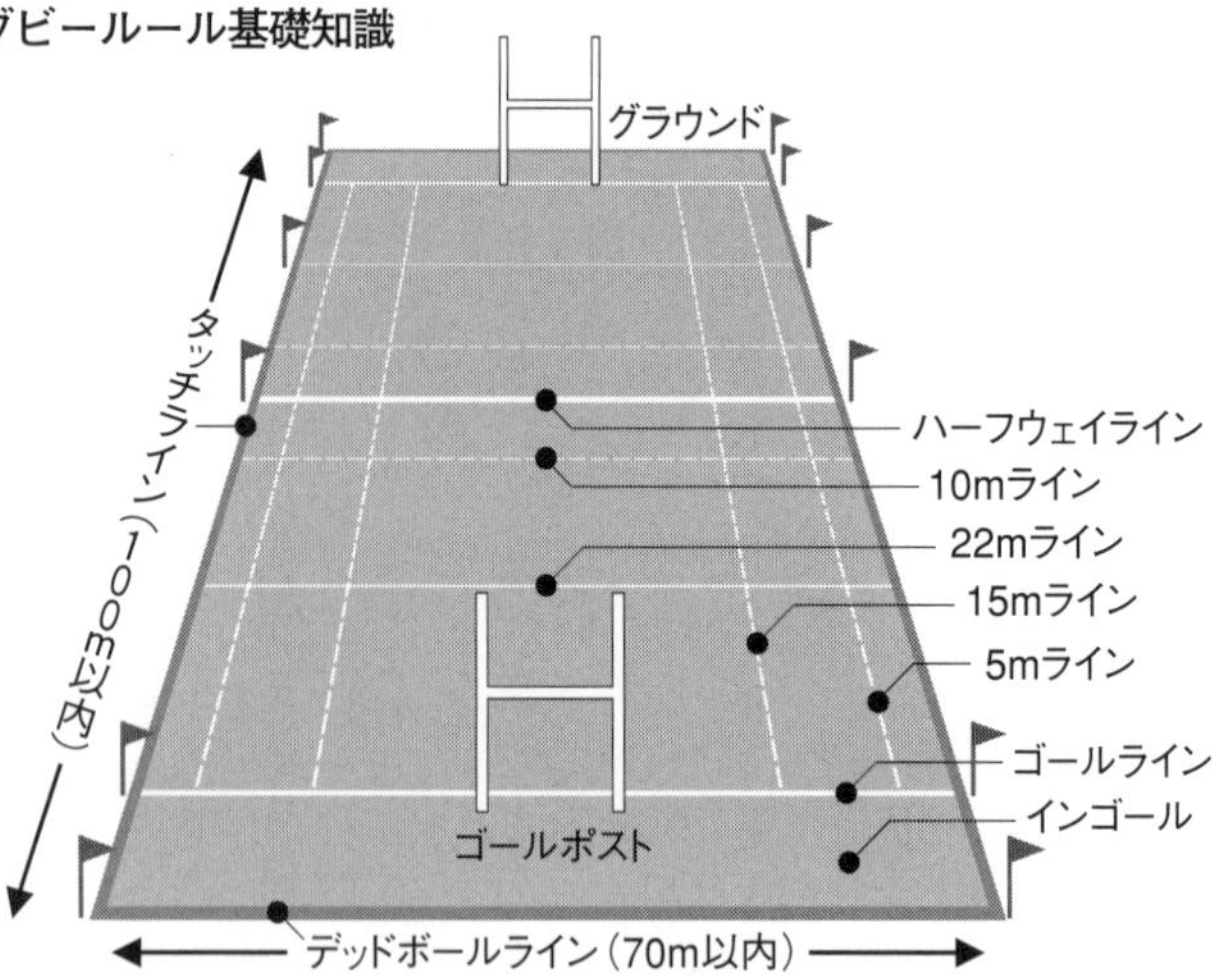

・試合時間：前半、後半40分ずつ（ハーフタイム10分）
・人数：15人ずつ（交替はそれぞれ7人まで可）

■基本的なラグビー用語

・トライ：相手のインゴールにボールを持ち込み、地面につける。得点は5点。
・コンバージョンゴール：トライした方に与えられるゴールキック。得点は2点。
・ペナルティゴール：相手が重い反則をした場合に与えられる。地面に置いたボールを蹴るプレースキック、もしくはボールをワンバウンドさせて蹴るドロップキックで狙う。得点は3点。
・ドロップゴール：プレー中にボールをドロップキックしてゴールを狙う。得点は3点。
・ラインアウト：タッチラインからボールが出た場合、敵味方が並んだ列の中央にボールを投げ入れ、奪い合うこと。
・スクラム：FW8人同士が組み合うこと。
・タックル：ボールを持った相手の肩から下に身体をぶつけて、前進を止めること。
・スローフォワード：自分より前の選手にボールを投げる反則。
・ノックオン：ボールを前に落とす反則。
・ノット・リリース・ザ・ボール：タックル成立後、倒された選手がボールを放さない反則。倒された選手はすぐにパスするかボールを地面に置かなければならない。
・ノット・ロール・アウェイ：タックルした選手はすみやかにボール保持者を放して退かなければいけないが、いつまでも相手を抱え込んでいるととられる反則。
・カバーディフェンス：味方が突破された場合に対応する防御。
・ノーサイド：試合終了。敵味方がなくなるという意味。

■ラグビーのポジションと主な役割

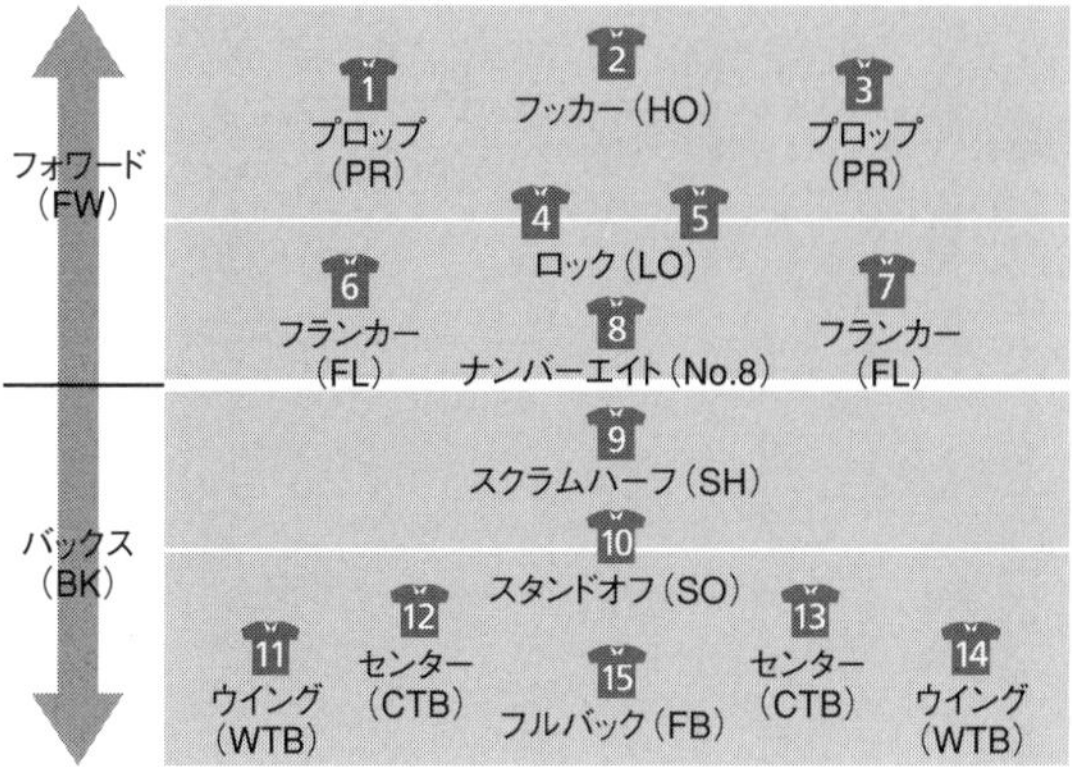

【フォワード】

・プロップ:スクラムの最前列を左と右で支える。右プロップは相手フォワードと両肩で組むため、特に強靱な身体が求められる。
・フッカー:スクラム最前列の操縦役。スクラムに投入されたボールを足でかき出す。
・ロック:ラインアウトなどの空中戦で中心となる存在。スクラム時の押しも大切な仕事。大柄な選手が多い。
・フランカー:相手にプレッシャーをかけ、激しいタックルでボールを奪い取る。運動量と馬力の両方が求められる。
・ナンバーエイト:スクラムの最後尾を固める選手。攻守両面で高いスキルが必要。

【バックス】

・スクラムハーフ:常にボールと一緒に動き、攻撃のリズムをつくる。小柄、俊敏でパスがうまい選手が多い。
・スタンドオフ:キックやパスで攻撃を組み立て、試合をコントロールする「司令塔」。
・センター:攻撃の突破役を担う。ぶつかり合いに負けない強い足腰と、タックル能力の高さが重要。
・ウイング:バックスの両翼に位置しトライを決めるのが大きな役目。スピードがあり1対1が強くなければ務まらない。
・フルバック:最後尾で戦況を見つめる「最後の砦」。ミスは許されず、しかも大胆なプレーが求められる。

●プロローグ

成人の日が1月15日に固定されていたころ、その日はラグビーの日だった。

成人の日のニュース映像で必ず紹介されていたのは荒れる若者ではなく、芝の上を自在に駆け回る男たちと、その姿を熱い目で見つめ、ときには叫びをあげる晴れ着姿の新成人たちだった。

毎年1月15日に、ラグビー日本選手権が行われていた時代があった。

その頂点に、7年間にわたって君臨し続けたチームがあった。

新日鉄釜石。

その日を除けば、国内ラグビーの主役は大学生だった。ワセダ、メイジ、ケイオー、ドウシシャ……戦前から歴史を刻んできた名門大学同士の戦いは、国立競技場に6万人を超える観客を集めた。大学生の戦いを勝ち抜いたチームは、ラグビー日本一の座をかけて社会人王者に挑んだ。学生には若さがある。練習時間も十分だ。学問の府だからラグビーの最先端理論も、トレーニングの最新機器も導入している。高校時代から将来を約束されたスター選手もズラリ並んでいる。今年こそ学生が勝つチャンスだ――メディアは毎年そう持ち上げたが、実際に戦うと、まるで赤子のようにやすやすと敗れてしまうのだった。

血気盛んな学生チャンピオンを、赤子の手をひねるように退けていたのが、赤いジャージーに身を包んだ集団、新日鉄釜石だった。有名大学で活躍した選手はほんの一握り。選手名簿の出身校名には釜石工、釜石北、宮古工、黒沢尻工、黒沢尻北、盛岡工、一関工……、特待生も推薦入試も縁遠そうな、シンプルに地名を冠した公立高校の名が並んだ。たたき上げの高卒選手が、北の町で人知れず鍛錬を重ね、そして冬になると東京・青山の秩父宮ラグビー場や、大阪の花園ラグビー場で開催される全国社会人ラグビーを勝ち抜き、満員の国立競技場で誇り高き学生チャンピオンをひねり倒した。

芝の上には、燃える溶鉱炉を象徴する赤い炎のジャージー。そしてスタンドには、晴れ着姿の新成人と並ぶもう一つの風物詩が翻った。

東栄丸、栄洋丸、豊富丸、海王丸、欣栄丸、寿丸……原色をこれでもかと多用した大漁旗たちが、冬晴れの深く澄んだ青空を背に躍った。喫水線いっぱいに獲物を積み込んだ漁船が、カモメの群れを引き連れて悠然と帰還するように、鉄の男たちは国立競技場の芝を制圧し、賞状だのトロフィーだのを山ほど抱え、北の町へと帰っていった。

釜石という地がどこにあるか、正確に理解していた人は多くなかったかもしれない。

東北。岩手。製鉄所のある港町。釜石という名が呼び起こす漠然としたイメージに、人々は夢を投影させた。東北の地に住み、あるいは縁のある者は、誇らしさと共感を抱いた。海沿いの小さな町からやってきたチームが、大学出のスター選手がズラリと揃った都会のチームをやっつける――東北だけでなく日本中の地方出身者が郷里を想い、働く若者たちがシンパシーを抱き、声援を送った。

釜石の地とも、新日鉄という会社にも、縁もゆかりもない人々が国立競技場に、秩父宮ラグビー場に、花園ラグビー場に駆けつけ、叫びをあげた。関東のチームには容赦ないヤジを浴びせる大阪・花園のファンたちも、なぜか北の町からやってくる赤い集団には優しかった。

1979年1月に始まった栄光の時代は、1985年1月まで続いた。

連覇が「7」に達したこの年、社会人大会の決勝となった神戸製鋼との一戦で、釜石は日本ラグビーの歴史に刻まれるプレーを演じた。

自軍ゴール前まで蹴りこまれた相手キックに全員が戻り、ボールを確保したところからすべてが始まった。

黒沢尻工高出身、26歳のナンバーエイト千田《ちだ》美智仁が、密集で確保したボールを宮古工高出身、25歳のスクラムハーフ坂下功生《こうせい》へ手渡す。坂下は滑らかなパスを背番号10、明大出身のスタンドオフ松尾雄治に送り、パスを受けた明大出身の23歳、小林日出夫が、さらにフォローした千田が前進。相手のタックルを受けながら、鍛え抜かれた鉄人たちはボールを一度も停止させることなく次のサポートプレイヤーに送る。ボールは再び坂下の手を経て函館北高校出身、33歳のフルバック谷藤尚之《たにふじなおゆき》へ送られ、仙台三高—慶大卒の29歳ウイング永岡章がディフェンスを切り裂いて前へ。能代工高出身、27歳のプロップ石山次郎が繋ぎ、タックルを受けて地面に置いたボールを黒沢尻工高出身、29歳のフランカー氏家靖男が拾いあげる。さらにパスが釜石工高出身、31歳にして体重100キロのプロップ洞口孝治へ。相手タックルを受けながら洞口が放したボールは、坂下の手を経て再び谷藤へ。そのとき、ワセダやらメイジやらドウシシャやらで暴れたスター選手揃いの神戸製鋼の選手たちは、もはや誰も目の前に残ってはいなかった。延べ13人の手を経て、左隅から右隅までグラウンドの全面を使い、一つの密集もつくることなく、ボールは一度も止まることなく、まるまる100メートルを運ばれた。「13人トライ」は、日本ラグビーの歴史に永遠に刻まれる伝説となった。

ずば抜けて足の速い選手がいたわけではない。相手を何メートルも吹っ飛ばすような、爆発的なパワーを持った選手がいたわけでもない。日本一でかい選手も、日本一速い選手も、日本一パワフルな選手もこのチームにはいなかった。だがラグビーは、団体競技でも最も多い15人でチームをつくるスポーツだった。練り上げた連携プレーと、とっさの場面でも最善の判断を瞬時に共有するコミュニケーション能力。目立たない、痛い下働きを何のためらいもなく遂行する強い意志と、鍛え抜いた強靱な肉体。8人の大男が塊となって押し合うスクラムでは、どのチームよりも強い結束力で相手を圧倒した。

15人が一つになったとき、このチームは間違いなく、日本一強かった。

優しくて、シャイで、飾らなくて、だけど誰よりも強い男たち。新成人を含む若い大学チームの代表を、6万人の見つめる中で、やすやすとやっつけてみせる。考えてみると、「大人とは何か」という命題を新成人に突きつけるという意味で、これほど成人の日にふさわしいイベントはなかったかもしれない。そのころ、成人の日に荒れる若者が現れなかった理由の一端には「釜石」の存在があったような気もする。

すべてのものに始まりがあるなら、終わりもまた避けられない。

1986年1月。大阪・花園ラグビー場。8連覇を目指した釜石は、全国社会人大会の準決勝で神戸製鋼に敗れ、連覇を断たれた。神戸製鋼が釜石に並ぶ7連覇に足を踏み入れるのはさらに3年後。栄光のタクトを振る平尾誠二はまだ神戸に加わってはいなかったが、歴史の歯車は静かに回り始めていた。釜石の象徴だった森重隆《もりしげたか》はV4を最後に、松尾雄治は前年のV7を最後に引退していた。V8の夢を断たれたこの冬、「13人トライ」で最後のボールを置いたフルバックの谷藤尚之がジャージーを脱いだ。

87年1月。東京・秩父宮ラグビー場。釜石は王座奪回を目指して決勝まで勝ち上がった。だが泥にぬかるんだグラウンドでは、肉弾戦とスクラムを鍛え上げたトヨタ自動車が釜石フォワードを押しまくった。凍えるグラウンドで練習を重ね、精緻を極めた釜石のパスワーク、スピードに頼らないランニングラグビーは繰り出す機会がなかった。赤いジャージーを泥で真っ黒に染めて、釜石はトヨタの濃緑のジャージーの表彰式を見つめた。日本代表でも活躍した191センチの巨漢、瀬川清がこのシーズンで現役を退いた。

次の年は、正月にラグビーをすることさえできなかった。全国社会人大会の出場権をかけた東北予選の決勝で秋田市役所に敗れ、まだ霜も降りない11月に、釜石は87年度のシーズンを終えた。この年を最後に、洞口孝治がジャージーを脱いだ。

王座に君臨し続けた時代が7年続いた。王座から滑り落ち、そこに戻るためにもがく時代が、86年から92年まで、やはり7年続いた。栄光が遠く去り、下のリーグとの入れ替え戦に、辛うじて勝利しながら檜舞台に踏みとどまる時代が、93年から99年まで、これも7年続いた。

何の因果か、釜石ラグビーの歴史は7年という周期で大きな変換点を迎える。

2000年12月。新日鉄は、釜石製鉄所のラグビー部を含む、すべての運動部をクラブ化して地域に開放することを決めた。V7が終わってから、7年周期のサイクルは3周目に入ろうとしていた。

この時期、日本の企業スポーツチームは次々に廃部や休部を発表していた。その決定の多くは、チームの活動停止を意味していた。ラグビーのトップチームも、日本代表を輩出し、全国社会人大会の常連だった伊勢丹、日新製鋼、ニコニコドーなどがチームの解散を発表した。釜石と新日鉄は、それらとは異なる新しい道を進み始めようとしていた。

だが、その矢先に釜石は敗れた。01年2月4日。秩父宮ラグビー場。東日本社会人リーグと下部リーグの入れ替え戦となるチャレンジリーグの最終戦で、新日鉄釜石は三菱重工相模原に1点差で敗れた。

東日本社会人リーグからの陥落が、このとき決まった。

終わりがあれば、また始まりもある。

栄光の歴史に包まれた「釜石ラグビー」は、地域に支えられたクラブに生まれ変わった。人員削減が続き、部員不足に悩んでいたチームに、さまざまな職場から新しい仲間が集った。いくつかの明るい報せと、それに数倍する厳しい現実に翻弄されながら、選手たち自身によって「釜石シーウェイブスＲＦＣ《ラグビーフットボールクラブ》」と名づけられた新しいクラブは新しい歴史を刻み始めた。

だがクラブが産声をあげたころ、日本のラグビーシーンには改編の嵐が吹き荒れていた。

釜石が帰るべき舞台として目指していた東日本社会人リーグは02年で幕を閉じ、03年からは全国の強豪チームを集めた「ジャパンラグビートップリーグ」に統合された。東日本、関西、西日本の3地域に分かれてリーグ戦を戦い、その上位チームが全国大会へ進んでいた2段階のシステムは過去のものとなり、残暑の9月からトップチーム同士が言い訳なしで真剣勝負する時代が始まった。トップチームは競うように、海外の有力選手だけでなく国内の大学生をもプロ契約選手として迎えた。単刀直入に年俸を提示して選手の気を引くチームが現れた。ラグビーの練習と身体づくり、身体の手入れに専念できるよう、一般社員の選手にも職場での業務を免除するチームが現れた。芝生のグラウンドに加えて全天候対応の人工芝グラウンドを備えるチームも、すぐに珍しくなくなった。多額の資金が投下され、より入念な準備を施され、試合のレベルは向上し、比例して選手の負荷も増大した。各チームはより多くの選手を必要とするようになり、チームを運営するコストも膨張していった。一方では、トップリーグに入れなかったことであっさりラグビー部を解散させる企業も現れた。資本力とマンパワーの企業体力に余裕のあるビッグクラブはさらにアクセルを踏み込み、ガソリンが続かなくなったスモールクラブはリタイアしていく。ある意味では芝の上の戦いよりも熾烈かもしれないパワーゲームがエスカレートし続けている。

２００７年５月13日。盛岡南公園球技場。

厚い雲。吹きつける小雨交じりの冷たい風。時折顔を出す強い日差し。岩手県の５月は、１日の中に四季がある。

そこでは、トップリーグで繰り広げられているパワーゲームとは対極にある試みが産声をあげていた。

「イーハトーブリーグ」と名付けられたその新リーグは、岩手県内の6つの地域を代表するクラブによる全県規模のリーグ戦だった。ただのクラブリーグなら目新しくもない。このリーグが特別だったのは、参加するすべてのクラブがチーム名に地域名を掲げ、各チームには岩手ラグビーの象徴たる釜石シーウェイブスの選手たちが補強選手として派遣されていたことだった。

新日鉄釜石時代のOBが中心となって活動してきた「釜石クラブ」は、同じ沿岸部の宮古市で活動してきた「ヤングマン・リアル」と組み、このリーグ戦のために「宮古釜石ヤングマン」というスーパークラブを結成した。05年まで釜石シーウェイブスのヘッドコーチだった40歳の桜庭《さくらば》吉彦と、29歳のシーウェイブス新キャプテン篠原洋介が、同じ赤いジャージーを着て楕円のボールを追った。

県都・盛岡の南隣にある矢巾《やはば》町から新リーグに参戦した「矢巾ノーサイド」には、1999年度の全国高校ラグビーでベスト8に進出した当時の盛岡工業高の中心選手が集い、釜石からは当時のキャプテンだったセンター藤原誠やスクラムハーフ八重樫俊介、当時は1年生だった小野寺政人が参加した。矢巾では、当時2年生ながらレギュラーを張っていた吉田将之がキャプテンを務めていた。

その南に位置する紫波《しわ》町が本拠地の「紫波オックス」にはナンバーエイト高橋竜次、ロック川島和也、スタンドオフ佐藤誠……クラブ化したシーウェイブスに参加すべく、毎週末クルマを飛ばして内陸部から釜石へ通った選手たちが名を連ねていた。

V7時代の英雄であり日本代表でも活躍した千田美智仁が監督を務める「北上《きたかみ》フォース」には、やはり内陸から釜石へ通い、クラブ化最初の公式戦で高橋善幸《よしゆき》監督からMVPに指名される活躍を見せたセンター川原《かわはら》太一がいた。

県南部の水沢、江刺（現在は合併により奥州市）で活動していた3つのクラブが合併して4年目、古《いにしえ》の蝦夷《えみし》の英雄・阿弖流為《アテルイ》の名をとった「奥州アテルイ」には、青森出身で関東学院大からシーウェイブスに加わった木立《きだち》博臣と今《こん》健治、FW最年長で07年の副将を担うロックの三浦健博《たけひろ》らが加わった。

岩手県の象徴、標高2338メートルの岩手山の麓に広がる滝沢村で活動し、岩手山の別称「巌鷲山《がんしゅうざん》」を英語化して名づけられた「滝沢ロックイーグルス」には、4年前に釜石へやってくる前は滝沢村の保育園で働いていたスクラムハーフの向井陽《むかいよう》が加わった。

シーウェイブスの選手たちは、自分とゆかりのある土地のチームへ、あるいは請われたチームへ参加した。だがこのリーグは、シーウェイブスの選手が普及のために「降りて」いくだけの構造ではなかった。各クラブにも、隠れた逸材はいるはずだ。埋もれたダイヤモンドの原石たちが、シーウェイブスの選手たちとともにイーハトーブリーグの戦いを経験し、高いレベルのラグビーを知り、そのポテンシャルを開花させることができたなら？

彼らは次のステップとして、トップリーグ昇格を目指してトップイーストを戦うシーウェイブスに引き上げられるチャンスを得るのだ。釜石に住んでいなくても、シーウェイブスで普段から練習していなくても、岩手県を代表するチームの一員として相応しい能力と意志があれば、そのステージに登れる。イーハトーブリーグとは、そんな人材交流のルールも定めたうえで誕生した。

パワーゲームに鎬《しのぎ》を削るビッグクラブは、獲得した優れた人材を充実した環境に置いて戦力の充実へ邁進《まいしん》する。シーウェイブスは、限られた人材を、次の人材発掘と育成のために派遣し、県内全域のラグビー文化を耕し、チームの土台をより確かなものにしようとしている。視線の先には岩手県全体の活性化があり、地域の誇りを取り戻し、スポーツを通じて未来を担う人材を育成し、QOL（クオリティ・オブ・ライフ＝豊かな人生）の獲得までを見据えている。だがそれは、ラグビーの試合に勝つこと、強いチームをつくることへの取り組みという意味では回り道に見える。

ならば、あえてそんな選択を下したのには、それだけの理由があったはずだ。

イーハトーブ。

宮沢賢治が故郷の「いわて」をエスペラント語で読んだことから生まれた架空の地名には「理想郷」の意味も託されていたという。

「新日鉄釜石ラグビー部」の輝かしい伝統を受け継いで誕生した「釜石シーウェイブス」は、どんな時間と、どんな思いと体温と、どんな試行錯誤を重ねたうえで「イーハトーブリーグ」に辿り着いたのか。その視線の先には、どんな理想郷が描かれているのだろうか。

クラブ化が発表された２０００年度のシーズンから7年が過ぎていた。

—「北の鉄人」がクラブチームに

第1章 誕生

日本初の本格的な地域密着型クラブへ。新日鉄釜石の挑戦［2001年1月］

釜石が撤退？　衝撃的なニュースが飛び込んできたのは2000年の11月末だった。だがそれは、日本で最初の本格的な地域密着型ラグビークラブの誕生という、むしろ前向きに捉えたい知らせだった。新日鉄は、自社が抱える釜石のラグビー部、君津と広畑の野球部、堺のバレー部、本社の柔道部を従来の企業内クラブから開放し、2001年度から新たに地域に根ざしたクラブに生まれ変わらせる方針を決めたのだ。

長引く不況から、この3年間にニコニコドー、日新製鋼、伊勢丹という全国社会人ラグビーの常連だった企業が次々と撤退。バレーボールのユニチカと日立など、日本を代表する名門クラブも簡単に処分されるご時世だ。もう同じような報は聞きたくないが、新日鉄が安易なクラブ解散ではなく、日本のスポーツ界にとって指針にもなる開放政策をとったことを、まずは讃えたい。企業アマ制度は選手に職場を提供し、安心して競技に打ち込める環境をつくっていた反面、一部の大企業に所属しないと一線でのプレーを続けられない構造を持っていたからだ。日本ラグビー協会も、釜石がクラブ化しても従来通りに社会人リーグに参加できることを2000年12月の理事会で承認。これを契機に、国内の社会人システムは社会人リーグへの既存クラブの参入、複数企業による合同チームの解禁も含めたオープン化へと進みそうだ。これも、日本選手権7連覇など輝かしい実績を誇る名門ゆえの吸引力だろう。

取材によると、現在の部員はそのまま新日鉄の社員として残り、遠征などの際に出張扱いとする配慮も維持。そのうえで、今後は社外の人もクラブに参加できることになる。新日鉄は活動費を中心となってサポートするが、地域の他企業や自治体などにもスポンサーの輪を広げていく方針だ。人口5万に満たない釜石の規模ではやや心許なく思えるが、すでに隣接する大船渡市など、周辺自治体からも協力の申し出が来ているそうだ。高橋善幸監督は、「いずれは盛岡や花巻など、内陸方面に住む選手も参加できるように活動スケジュールを考えていきたい」と青写真を描いている。

もっとも、この改革ムードも、釜石が東日本リーグに残留してこそ。今季から東日本の入れ替え戦は、6チーム総当たり制で実施されている。釜石の最終戦は2月4日に秩父宮ラグビー場で行われる三菱重工相模原戦だ。日本の未来にもかかわる地域密着型クラブが順調なスタートを飾れるか、見逃せない一戦になりそうだ。

『灯は消えず』 クラブ化——終わりでなく始まり［2001年2月］

背番号8が蹴ったボールは、わずかに左だった。その瞬間、釜石の東日本リーグからの転落が決まった。

やがて、赤いジャージーをまとった男たちはメインスタンドの前に整列した。そこから背番号1をつけた青山敦司主将が一歩踏み出し、スタンドに向かって声を張り上げた。

応援ありがとうございました。残念ながら負けてしまいましたが、来年からはクラブチームとして頑張りますので、これからも応援をよろしくお願いします。

キャプテンはうなだれてはいなかった。釜石は2001年4月から地域密着型のクラブとして新しい命を与えられることが決まっていた。

陽は沈んだ、ように見えた。だがそれは、新しい朝が近づいたことでもある。

運命の最終戦から2日後。東北新幹線で北へ向かった。東京からやまびこ号で2時間25分。（釜石線への乗換駅の）新花巻でディーゼル車に乗り換え、さらに1時間半。車窓の雪が減ってきたころ、視界は急に開けた。

曇り空。肌を刺す冷気。わずかな窪みには氷。そんな真冬の北国でも、女子高生はミニスカートにナマ足。駅構内では、「今日はあったけくていいな」との会話。この町にはこの町の温度と湿度があり、誰もがここの空気を吸って生きている。

あのころ、この町の住人たちは、芝の上の格闘技で美酒を独り占めにした。国立競技場のスタンドには何本もの大漁旗が翻り、人々はそれに、どこか懐かしさを覚えた。赤いジャージーは、北国の鉄と魚の町を代表するだけでなく、全国各地の地方出身者の郷愁を誘う存在でもあった。

そして21世紀。この町では、未来のスポーツの姿を指し示す、新たな歩みが胎動を始めていた。

1泊2日の取材は、釜石ラグビー部後援会からスタートした。後援会はV4を前にした1981年12月に、社内外の有志約300人で旗揚げし、現在の会員数はおよそ1200人。事務局長の深澤正雄さんは以前、人事部で松尾雄治と机を並べていて「サインをもらいに来る人の受付をやってました」と笑った。

「クラブ化が発表されたときは、私も『どうなるんだろう』と心配したけど、詳しく聞いたら企業の思想がキッチリしていた。ヘンな言い方だけど『新日鉄の人はやっぱりエライな』と感心しましたよ」。2000年11月27日に新日鉄が発表したのは、所有する運動部を「同一地域の複数企業や自治体および市民の皆さんと共同してチームを構成・支援する」広域チームに移行させることだった。

だが新聞報道は、センセーショナルに「休部」と見出しを打った。

「ちょうど日立のバレー部が廃部になるニュースと重なったしね。ホームページ（以下HP）にも、ファンの皆さんから心配する声がたくさん寄せられました。だから、会社の考えを理解してもらわないといけないと思って、発表した文書をHPに掲載した。そうしたら、今度は『頑張ってくれ』といった書き込みがいっぱい来たんですよ」

HPは2000年の10月20日に開設したばかりで、2月16日現在のアクセス数は2万6

000件。運営会社の集計ではスポーツ部門の上位に常にランクされ、チャレンジリーグ最終戦の2月4日には最多の1日1733件を記録。「トップを独占しているサッカー情報系サイトを抜いて1位になりました」と、後援会事務局でHPを担当している山内誠さん。HPの掲示板では、やがて投稿者同士の会話が始まり、想像を超えるファンの熱気に改めて感動を覚えた。

「会員はおおむね、県内が70％、県外が30％です。秩父宮ラグビー場の試合では会員以外の人が『釜石を応援したいので旗をください』と言ってくることも多い。最終戦の日も、秩父宮で入会してくれた人が20人もいました。チームが終わる日なのに、辞めるって言う人は誰もいない。逆に入りたいって人が列をつくって待ってるんですよ」

V7からすでに16年。釜石は今も、日本中で最も愛される全国区のチームなのかもしれない。

だが、多くの人に愛される理由に、郷土色の濃さがあるのも事実だ。続いて地元のファン代表として、釜石市民私設応援団の佐野隆夫代表を訪ねた。ラグビー部が練習する松倉グラウンドそばにスポーツ店を経営する、まさに地元密着のラグビーフリークだ。

私設応援団が誕生した時期は、佐野さん自身にも定かではない。「試合を応援しに行ってるうちに、顔見知りになった人たちと、そのうち応援バスを出そうかって話になったり……ま、自然発生的に始まったんですよ」。そのネットワークが、クラブ化発表からわずか2日の間に「クラブ移行後も現在の社会人リーグや大会に出られるように」と訴える15000人の署名を集め、日本ラグビー協会の規約改正を勝ち取るのだ。

佐野さんは、釜石北高でフルバック、スタンドオフとしてプレー。同期には、後に日本代表となるナンバーエイト小林一郎もいて、創部3年で東北大会優勝に上り詰めた。「今で言えば釜石のユースだったね」と話すが、現在の母校は女子生徒の数が優勢となりラグビー部は活動停止状態。佐野さんの情熱は、今度は店舗に近接する釜石南高校ラグビー部に注がれている。全国の高校が部員難に苦しむ中、ここは50人を超える部員で賑わっている。秘密は「小規模の中学に目をつけたんですよ」。V7時代、日本代表にも選ばれた坂下功正の陰に隠れていたスクラムハーフ射守矢《いもりや》寿宏が教員として釜石南高に赴任した際に、佐野流部員集めの秘策を与えたのだそうだ。

「小さな学校だと、ガキ大将のつながりで、地区の全員が入ったりするんだなぁ」

人材を得、近所の松倉グラウンドで釜石の練習を見つめ、ときには若手に練習相手になってもらった釜石南高は、今季（00年度）は新人戦で初めて東北大会まで進出した。

「県立高校は先生も転勤があって、ずっと教えることもできないけど、これから釜石がクラブ化すれば、先生が転勤しても子どもたちはラグビーを続けられるようになるからね。ここのスクールでラグビーを始めた子どもたちが全国の舞台に出ていって、戻ってきたら次の世代にラグビーを教えて……そういう人材のリサイクルを夢見てるんですよ。ラグビーには勝った負けただけじゃない素晴らしさがあるんだから……」

終わらない佐野さんの熱弁に後ろ髪を引かれながら市内へ移動。高橋善幸監督、吉住《よしずみ》剛《つよし》副部長ととれたての海産物をつつきながら話を聞く。

「帰りの新幹線では、ずっと一人で考え事をしてました」と高橋監督は言った。試合が終わるとすぐに、関東ラグビー協会が音頭をとった『釜石の門出を祝う会』が開かれるなど慌ただしく時間が過ぎた。「新幹線に乗ってから悔しさが沸き上がってきた感じで。僕は北上の駅にクルマを置いていたから、お酒も飲めなかったんです」。隣に座った若い選手は、監督を包む重苦しい空気に耐えられず、途中で席を離れたそうだ。

「振り返ると、クラブ化の発表があってから協会の規約改正、クラブ移行への準備と、すべてがトントン拍子に進んでいた。あとはチームが勝つだけでしたから、負けたときは頭が真っ白でした。でも今は、本当の力をつけないまま東日本リーグに残っても、また同じ『ぶら下がり』になるという戒めだったと受け止めています」

指揮官は、落ち込むのでもなく、かといって逃げるのでもなく、冷静に現実を見つめていた。

夜も更けた。痛みを伴う取材は、いつしか楽しい酒に変わっていた。店を出ると、夜の町は、道端のそこかしこが堅く凍っていた。

翌朝。釜石市ラグビー協会の瀬川雅三会長宅へ。盛岡生まれ。県内7校で教鞭を執り、釜石南高では自らつくったラグビー部を県の2位まで引き上げた。6年前に定年退職してからは悠々自適。松倉グラウンドの近くに住み、釜石や釜石南高の練習を週3、4日ほど眺めている同会長は、すでに岩手県協会にクラブ参加を希望する選手数名から打診がきていること、北上市の岩手東芝がこの3月で廃部となり、そこからも数人が釜石でのプレーを希望していることなど、貴重な情報を提供してくれた。

「あとは教員にも何人か、大学でプレーしていた選手がいるんで、釜石へ転勤させていただけるように市や県に働きかけているところです」

ジュニア層では、釜石ラグビースクールでは未就学児から中学生まで、女子も含め30人ほどの子どもが活動している。中学になると学校の部活動との兼ね合いで辞める生徒が多いが、文化部に入ってラグビースクールに通ってくる子もいるそうだ。

高校では釜石南と釜石工でラグビーが盛んだが、釜石北と釜石商では女子の比率が高く、プレーの受け皿がない。北隣の大槌《おおづち》町には新日鉄の分譲住宅があってラグビー熱が高いが、大槌高には部がない。釜石がユース部門を立ち上げれば、それらの高校に通う生徒の受け皿にもなる。

「今の高校生の親たちは、ちょうどV7の真っただ中を経験した世代なんです。スクールも、選手が一番増えたのはV7直後の春でした」。栄光の遺産は今、ユース層の競技人口というかたちで生きているのだ。

「クラブ化したら、地域からもいろいろな係もつけなきゃならないだろうし、私らみたいに、のほほんとしていた連中にも生きがいができてくるんじゃないですかね」。瀬川会長が洩らした言葉は、あらゆる年代を横断した生涯スポーツとしてのラグビーの未来を示唆していた。

もはや、釜石が日本でも有数のラグビー熱を誇る地域であることは疑いようもないだろう。そして午後。「クラブ化検討準備委員会」の取材に臨む。目の前に準備委員長の国峰《くにみね》淳《じゅん》ラグビー部長と、委員会事務局の山本裕《ゆたか》さんが座った。

「今回、会社がどういう思いで企業スポーツを開放しようとしたか。それは、企業の業績によって運動部の休廃部が相次ぐ中で、会社が将来にわたってスポーツを支援していく方法を考えた末の結論なんです。単独の企業が部を所有していては、業績に左右されてしまう。わが社にはまだスポーツを続ける余力はあるけれど、新しいことは余力があるうちに始めないといけないんです」

いかにも切れそうな顔立ちの山本さんが、立て板に水のごとく話す。

「テーマは『所有から支援へ』。クラブが地域と密着して活動し、地域と共生していくためのあらゆる行動を、会社として強力に支援していきます。従来の企業による丸抱え方式と、欧州型の個人主導型のクラブ運営との中間にある、日本型のコンセプトを立てています」と国峰氏が続ける。準備委員会では、クラブ化発表に先立って各種文献にあたり、いくつかのシンクタンク、すでにNPO組織を立ち上げているクラブにも話を聞いたという。周到な準備を重ねた自信が、言葉の端からにじんだ。

クラブ化に伴い、メディアには財政面を懸念する記事が載った。「1種目あたり3億から5億の金がかかる」と概算する記事もあった。しかし山本さんは「それは人件費を含めた数字じゃないでしょうか。我々の場合、選手には仕事で会社に貢献してもらっているし、今後もアマチュアを基本に考えています」と話し、「自治体や他の企業にもスポンサー参加を呼びかけていますが、当面はクラブの活動費にあたる分は新日鉄が負担して、新たに提供していただいた資金は普及・振興の面に活用していきたい」と今後を説明した。新日鉄としては従来のラグビー部活動と同様の支援を行うのだ。選手が試合や合宿で職場を開けるときも業務（出張）扱いとする態勢も維持。今後、他の職場に籍を置く選手が出てきても同じ扱いを受けられるよう他企業・自治体とも地ならしを進めている。

海外を見れば、快足ウイングとして知られた吉田義人《よしひと》が1年間所属したフランスのコロミエは大小あわせて120社のスポンサーに支えられているという。日本人初のプロ選手・村田亙《わたる》がプレーした同じフランスのバイヨンヌは、ジャージーのロゴが4社。クラブのパンフレットには、市内のほぼすべての企業が広告を出しているそうだ。クラブを支える裾野の広がりは、迎え入れられる人材の幅広さを意味している。

しかし、少なくないファンが今後に不安を感じている部分は、まさにその新人獲得だ。大学のスター選手を大量に補強するのは難しいとしても、過去3年間に関東学院大からロック三浦智拓《ともひろ》、スクラムハーフ池村章宏、ウイング木立博臣を獲得したような、渋い補強の情報も聞こえてこない。

釜石には、最盛期には製鉄所だけで4000人の職員がいた。高炉の火が消えて11年が過ぎた現在は半減した。「合理化、自動化を進めている現状では、選手を採用しようにも入ってもらう職場がないのも事実でした」と山本さんは言った。新日鉄が出資または分社化した企業や、誘致した各種企業を含めれば、製鉄所の敷地には今も4000人が働くが、従来の規定では、職場が同じビルにあっても、直系の関連会社の正社員でない限り、同じ企業クラブには所属できなかった。

もっとも、出資関係を伴わない誘致企業も、実は関連会社と言える。釜石製鉄所は、高度な特殊技能の資格を多数持つ人材がゴロゴロしている技術エリートの巣だ。合理化が進む中で、出資会社のみならず、誘致した別会社にも、資格と技能を見込まれた人材が多数出向している。従業員1000人を抱える最大の誘致企業、SMC㈱では、V7前期に活躍した細川兄弟の兄、佐野正文がラグビークラブを率いている。それらOBのいる会社は今後、クラブの選手採用の受け皿になってくれそうだ。

先例もある。今季（00年度）の天皇杯に出場した新日鉄釜石サッカー部は、すでに企業の枠を取り払ったクラブとして運営されており、近隣の自治体、学校や、盛岡など内陸部の企業で働く選手が参加しているのだ。

ましで、全国的な実績と人気、知名度を持つ「釜石ラグビー部」の求心力は強い。クラブ化が報じられた直後の11月30日には、釜石市の小野信一市長、南隣にある大船渡市の甘竹勝郎市長が、新日鉄からの挨拶を待たずに積極的に協力する意思を表明したほどだ。特に釜石の小野市長は、中学から楕円球に接し、成城大時代までスタンドオフ、センターで活躍した元ラグビーマン。財政面と雇用面で「でき得る限りの協力をします」と約束してくれたという。

だが、選手の受け皿を整備するそれらの動きにもかかわらず、来るシーズンに迎える新人はまだ決まっていなかった。1年での東日本リーグ復帰こそ、従来の企業とクラブの枠を超えた広域クラブが日本に定着するための鍵になる。そのためには、やはりどれだけの新戦力を獲得できるかが大きい。新しい血を迎えなければ組織は必ず停滞する……無理を承知で訊いた。1年目には一体、何人くらいの新戦力を迎えられそうなのでしょうか?

国峰部長は答えた。「協力してくれる企業、自治体、学校の教職員、それから県内にある他の社会人、クラブチームからの参加を合わせれば、10人近くか……うまくいけば10人を超える人数の枠を用意できるんじゃないかと考えています」

その答えを聞いて、血液が逆流するような感覚に襲われた。

それまでの取材で、釜石のラグビー熱の高さ、将来に向けてクラブが発展していくことには確信を抱いていた。東日本リーグ復帰も、戦力的には十分射程圏だろう。だが、近年の社会人チームではまれといっていい10人規模の補強計画は、釜石が将来を見据えて理想のクラブづくりを始めるだけでなく、目の前の勝利も本気で求めていることを意味する。そう理解した記者は、自分の体が熱くなるのを感じたのだ。付け加えれば、強豪社会人チームでは欠かせない戦力となっている外国人選手の補強も、英語教員などでの採用も含めて検討されている。現時点で新人採用が決まっていないのも、新たな体制が正式に固まる前に動くわけにはいかないという誠意から生じたタイムラグだったようだ。

釜石は終わらない。比喩ではなく、王座を目指すチームとして、新たなスタートを切ろうとしていた。

釜石滞在の最後に、青山敦司主将に会うことができた。カーキ色の作業服姿が頼もしく見える。

敗れた夜は、いつも熟睡する新幹線でもほとんど眠れなかったという。多くの選手は、アルコールを流し込みながら騒いでいたが、体質的に飲めない青山は、選手一人ひとりの様子をじっと観察していた。

「僕はフロントがどういう考えでクラブ化を進めているのかを知っていたけど、部員の中には、本当に今まで通りプレーできるのかどうか不安に感じている選手もいた。具体的なことを知らないのに、ただ落ちていくというイメージだけが選手の中で強まっていくことへの危機感がありました。大丈夫なんだということを、どんな言葉で伝えたらいいか、それをずっと考えていたんです」

一般の選手には、メディア経由で伝わる情報も侮れない重みを持つ。それを察した青山は、「試合後の記者会見でも、うなだれないで、堂々と、記者さんの目を見て話そう。門出の会でも、なるべく多くの人としゃべろう」と意識していたという。

「僕の仕事は、このどん底でチームを鍛え上げて、次の世代に渡すこと。若い世代には三浦や池村のように、日本代表を狙える選手がいる。自分がキャプテンのときに転落したのは申し訳ないと思うけれど、この始末はキッチリつけて、次の人間に引き継いであげるのが役目です。

そのためには、強くなれるのなら何をやってもいいと思う」

全国に出て勝つことこそ最大の地域貢献。最後の最後に、強い言葉を聞いたと思った。

6時間かけて東京に帰ると、小雪が舞っていた。それは、見てきたばかりの北国のクラブの前途を祝福しているような気がした。

冬はいつかあける。氷はいつか溶ける。朝は、必ずくる。

愛称は「シーウェイブス」に決定。10人の新戦力も加入［2001年4月］

地域密着型のクラブチームとして新たなスタートを切る新日鉄釜石のチーム名が、4月9日に行われた第2回クラブ化準備委員会で「釜石シーウェイブスＲＦＣ（ラグビーフットボールクラブ）」に決まった。

クラブ名の公募には県内外から総数823通の応募があり、うち過半数が「釜石」を含む名だったことから「釜石ＲＦＣ」の基本形が決まり、さらにニックネームとして、応募の多かった「炎・闘魂」「海」「フェニックス」などにちなんだ候補を検討。その中から「怒濤の勢いで相手を呑み込むイメージ」として部員の支持を集めた「シーウェイブス」が採用された。4月25日のクラブ設立総会で正式に決定される。

クラブの初代主将に指名されたのはスクラムハーフ池村章宏。「自分から何かを変えてやろうという姿勢がシーズン中から見えていたし、本人の意向を聞いたら『やらせてもらいます』と意欲的だった。身をもって示せるリーダーとして理想的だと思う」と、高橋善幸監督は全幅の信頼を寄せる。

また、新戦力は大量10人が加入した。スタンドオフ、センター、フルバックをこなすユーティリティバックスのタイロン・マンドルージアック（29＝豪州クインズランド）、フッカー／フランカーのショーン・カッタンス（29＝NZカンタベリー）の二人はスーパー12*経験者だ。日本人では関東学院大からプロップ／フッカー浅田哲哉が加入。大学時代は

＊スーパー12＝ニュージーランド、オーストラリア、南アフリカ共和国の12チームによる国際リーグ。世界最高峰リーグと呼ばれる。06年度から14チームに拡大され、スーパー14となった。

4年間で1試合に出場しただけだったが、清真学園では日本代表フルバック栗原徹や、昨季の慶応大主将・和田康二らとともに花園ベスト8進出を経験。徹底展開ラグビーを貫いて東日本リーグ復帰を目指す釜石には、戦術研究や今後の人材獲得の面でも頼もしい存在になりそうだ。

以上の3人は新日鉄の採用。残り7人が、クラブ化によって解禁された、違う職場から加入したメンバーだ。ニュージーランドでU19オタゴ代表の経験を持つフランカーのパーク・ブレア(25)は、隣接する山田町の英語教師。プロップ／フランカー高橋竜次とフルバック川原太一はともに盛岡工業高→日本大→岩手東芝と進んだ27歳。1991年度の高校日本代表には高橋が元吉和中（サントリー、日本代表キャップ*1）らとともにプロップで選ばれ、川原は代表こそ逃したものの、高校日本代表候補合宿や花園で注目を集めた187センチ90キロの大型フルバック。日大4年では副将を務め、チームを大学選手権ベスト4に導いている。ともに岩手東芝の活動停止に伴い、釜石への参加を決意した。

また、盛岡工業高から東北福祉大に進んで副将を務めたスタンドオフ／センター細川進(22)は医療法人樂山会に、男鹿工業高主将で国体に全秋田で出場したフッカー松井耕輔(18)はSMC㈱釜石に、釜石南高で全岩手代表候補に選ばれ、亜細亜《あじあ》大に進んでプレーを続けたフランカー菊池太介《だいすけ》(22)は釜石市役所に、それぞれ採用されてクラブに加入。昨季の全岩手代表候補だったウイング金野尚史《こんのひさし》(28)は釜石市役所から釜石地方振興局に派遣さ

＊キャップ＝テストマッチ出場数。テストマッチ出場の記念に帽子が配られたことが語源。テストマッチとはフル代表同士の正式な対戦のこと。

れてメンバーに加わった。

なお退部者はフランカーのキャメロン・ピサー(26)、プロップ武藤恵介(27)、スタンドオフ小玉敦(31)と山本葉介トレーナー(32)の4人。ピサーの離脱は痛いが、高橋監督は新人について「例年になく即戦力が多い」と期待を寄せている。加えて、新人の公募も4月22日に実施された。体のサイズや経験などは一切不問で行われたが、あくまでもトップチームの戦力としての募集だったという。

クラブの活動内容としては、東日本リーグ復帰を目指すトップチームの強化に加え、ラグビースクールとの連携・統合、中学のクラブ活動の代替機能を含むジュニア世代の普及・強化、中高年世代には生涯スポーツなどが計画されている。将来的には新日鉄の所有する福利厚生施設と自治体の施設、サッカー少年団などとも連携した総合型地域スポーツクラブに発展させることも視野に入れている。なお、クラブの運営を精神面・財政面で支援するサポーターも全国から募り、定期的に「選手とファンの集い」を開催する方針だ。

そんな新生・釜石の初陣となったのは4月8日のYC&ACセブンズ*。「十何年ぶりじゃないですかね」(高橋監督)という横浜参戦だったが、成績のほうは初戦で曼荼羅《まんだら》クラブに逆転負け。1回戦敗者によるコンソレーションでも日本代表ナンバーエイトのバツベイが暴れまくった大東大に完敗。2戦2敗に終わったが「チームはまだ始動していないし、セブンズのメンバーだけで3日間練習しただけ。勝敗は仕方ないんです。それよりも、ウ

*YC&ACセブンス=横浜にあるYC&AC(横浜カントリー&アスレチッククラブ)が主催する7人制ラグビー大会。以前は「全日本7人制選手権」と呼ばれ、釜石は79年に優勝している。

チの選手はこういう楽しむ場を知らない人が多いんで、この雰囲気を経験してほしかった。楽しむことを知らないとうまくなりませんからね」と池村新主将。期待の新戦力、ショーンとタイロンのスーパー12組も登場したが、ここで目立ったのは2年目のウイング木立博臣。腰の強さをうかがわせる鋭いステップと抜けたあとのスピードを活かし、曼荼羅戦では2トライのほか再三ロングゲインを見せる活躍。「アイツは去年はケガに泣いたけど、本当の力はこんなものじゃないですよ」と池村主将も期待を寄せる。

今後は4月29日に東北・北海道セブンズ（仙台）に出場し、15人制の初陣は6月10日に盛岡で行われるIBC杯の早稲田大戦。同17日にピッグノーズと茨城で、23日に横河電機と北上で対戦し、釜石での初戦は同24日の関東学院大戦。さらに7月1日に釜石ラグビーフェスティバルが開催される予定だ。

始まった。クラブ化元年、釜石シーウェイブス地元初試合［2001年6月］

4カ月ぶりに降り立った釜石の町は、凍てついていた2月とは異なり、初夏の息吹にあふれていた。

あのころはすべてが白紙だった。新日鉄釜石ラグビー部のクラブ化が発表されたのが2000年11月27日。東日本リーグからの転落が決まったのが2001年2月4日。その直後に釜石を訪ねたときは、冷気の中に再生への鼓動を確かに感じたが、まだ新しいクラブ名も、所属リーグも、新たに迎える選手も決まっていなかった。

釜石の新たな姿が見え始めたのは4月だった。9日に開かれた第2回クラブ化準備委員会で「釜石シーウェイブスＲＦＣ」というクラブ名が決定。休部した岩手東芝から移籍のプロップ高橋竜次、フルバック川原太一を含む、創部以来最多という10人の新人も発表された。同25日に釜石市内で開かれた設立総会では、押し寄せる波をイメージした、青を基調とした新ジャージーのデザインも発表された。4月末から連休明けにかけては、さらに3人の新人が加わった。日体大を卒業後、母校・宮古高の講師を務めていた24歳のフルバック金丸健《かなまるけん》。東海大から進んだトーヨコの廃部でプレーの機会を失い、母校・黒沢尻北に近い胆沢《いさわ》高で講師を務める26歳のフランカー小田島康人《こだしまやすひと》。4月22日に実施された新人採用テストに合格した23歳のスクラムハーフ工藤準也は岩手ゼロックス一関支店に勤務していたが、テストに合格すると、会社から釜石支店転勤辞令が下った。6月10日には、クラブ化初戦となるＩＢＣ杯が盛岡で行われ、76対7で早大を一蹴。青いジャージーでの船出を飾っていた。

そして6月22日、記者は釜石駅に降り立った。翌日には、クラブ化以後初めて地元・釜石で行われる、関東学院大との試合が待っていた。

ところで「シーウェイブス」という名前である。クラブ名の公募には約５００通の応募があり、そこから選手自身が選んだという。「荒々しく押し寄せる波のように」というイメージは悪くない。だが、波という単語に複数形のSはつかないだろう、プロ野球のオリックスはブルーウェーブだ。

「それもそうなんですが、まあ造語ですし、選手が決めたのならそれを尊重しようと」。4月に準備委員会の山本裕さんに電話で尋ねたときの答えだった。選手が選んだシーウェイブスの名は、ジャージーを赤から他の色（つまり海の青）に変えることも暗示していた。変える選択はあっていいが、それが「選手の意思を尊重」という耳に優しい言葉で、議論もなく決まってしまうものだとしたら、シーウェイブスはこれまでの釜石とはまったく別の集団になってしまうのではないか。記者は、そんな疑問も抱えながら釜石入りした。

まず広報の加藤良司さんに、サポーターの募集状況を教えていただく。従来のラグビー部後援会は、4月からシーウェイブスのサポーター組織に移行し、日本対ウエールズのテストマッチが行われた6月17日の秩父宮ラグビー場に設けた出張受付所では約40人が新規入会。翌18日、大手町の新日鉄本社でクラブ化の紹介を兼ねて行ったサポーター募集では160人以上が加入した。法人会員も県内企業を中心に50社以上がすでに加入。休日には選手が自ら街頭に出てサポーターを募集しているといい、加藤氏は「最近は休みなしで、みんなちょっと疲れ気味かな」と洩らしていた。

インタビューは高橋善幸監督から始まった。まずIBC杯について聞くと「すべてがいいほうに出た試合でした。雨の中を2000人くらい来てくれたけど、みんな明るい雰囲気で帰ってくれたみたいです」と笑顔を浮かべた。IBC杯には、クラブ化ゆえの新戦力、プロップ高橋竜、フランカー小田島、センター川原も出場。中でも小田島は、旧私設応援団長の佐野隆夫さんが「ピラニアみたい」と絶賛したしぶとい動きから2トライを決め、第一線への復帰を自ら飾った。

「志があって、キャリアのある人がクラブに参加して、試合に出られたのは意義があると思います。彼らには経験に裏付けられたスキルの高さがある」。即戦力トリオを高橋監督はそう評したうえで「今までの選手にとっては、簡単に抜かれてしまうのは屈辱ですね」とも付け加えた。

釜石にはこれまでも才能を期待された素材がいた。例えば、97年に19歳で東日本リーグにデビューしたセンター越前谷大樹《えちぜんやだいき》などは、同年代の大学で活躍する選手たちにもひけを取らない輝きを発していた。

「結局、競争がなかったんでしょうね。昔の釜石では、23歳か25歳くらいで芽が出ない選手は引退勧告を受けていた。それが最近は、選手層が薄くなって新規採用も減って、逆に引退を引き留めるようになっていた。そんな状態だから、他の選手を蹴落としてでも試合に出るという泥臭さも薄れてきたんだと思います」

そんな悪循環を断つのが、クラブ化によって加入した「外部」の選手たちだと高橋監督は言うのだ。

では、シンボルとなるクラブ名やジャージーについては。

「あるとき、池村が『ハマユリのエンブレムって、弱そうに見えるからやめましょうよ』と言ったことがあるんです。驚いたけど、僕が強さのシンボルだと思っていたものを、今の子が弱さの象徴だと思っているなら、プライドを持てるだろうかと」

監督の結論は、選手の意思に任せることだった。

「ジャージーを変えれば、ファンには寂しい思いをさせてしまうかもしれない。でも僕が理屈をつくって『赤がいい』と言ったら、選手はそのまま受け取ってしまう。僕は、選手が責任を負って自立してほしかった。ジャージーも、自分たちでつくったものなら責任を持つ。『今までの弱いイメージがあるから負けた』と、責任を転嫁できなくなる。そうしないと、生まれ変われないと思った」

では、任された選手の側はどんな意思を持っていたのか。

クラブ化元年の主将を務める池村章宏は「ジャージーは変えなきゃいけないと思ってました」と言い切った。「ここまで落ちたのに、一体何にしがみついているんだ、いつまでも『V7が』と言っててどうするんだ、という気持ちはずっと持っていました。ひきずっているものを断ち切る勇気が必要だと思ったんです」

池村は、関東学院大に入学した当時「27人いたスクラムハーフで27番目」だったという。

一人で練習方法を工夫し、人が使う言葉を盗んで3年生からレギュラーをつかんだ男にとって、伝統に安住しているチームの空気は受け入れがたかった。クラブ名は挙手による多数決で決めたそうだ。

新主将として準備委員会に出席したとき、池村は「クラブ化は、新日鉄釜石からの引き継ぎなのか、新たな出発なのか、そこをはっきりさせてください」と発言した。そのとき、実務面のリーダーだった山本さんが答えた「新たな出発です」という返答が、変革へのよりどころになった。

「僕自身は、新しいことを始めるんなら新しいものをつくるのが普通だと思っていた。それに、これだけモノがあふれている時代に、自分たちで新しいものをつくることって楽しいと思う」。新ジャージーのデザインは外部発注ではなく、池村が「部員で一番いいセンスしている」と評するセンター津嶋俊一《つしましゅんいち》の手によるものだ。

クラブ化元年のスキッパーは、生活の面でも多忙を極める。クラブのPR活動や予算づくり、雑多な準備の段取り等々……企業チーム時代には誰かがやってくれた作業にも選手自身が関与し、自分の時間はほとんどない。そう言いながら「今まで当たり前だと思っていたことを実感できる。不便さもあるけれど、自分にも勉強になりますから」と笑った。

新メンバーの肉声も聞きたいと思った。川原太一は盛岡工、日大を卒業するとき、ともに釜石入り目前まで話が進んでいながら入社にいたらなかった経歴を持つ。勤務する岩手東芝では昨年、石川県に1年間の派遣を命じられ、ラグビーを離れていた。「課長に言われたときは泣きました」。それだけに、クラブ化した釜石から三度目の勧誘を受けたときは、自分の体が熱くなるのを感じた。

「夜勤明けで寝てたときに善幸さんから電話をいただいて。一応『考えさせてください』と答えたけれど、次の日から走り始めました。こんなチャンスはない。諦めてたものが帰ってきたと、毎日ドキドキしていた」

東京育ちの池村らと違い、岩手生まれの川原にとって「釜石」はヒーローだった。ラグビーを始めた中学2年のころから、仲のいい3人組で『みんなで釜石行こうな』と夢を語り合った。それが27歳で叶った。平日は北上で練習し、週末は2時間かけて釜石へ通う生活が始まっている。

「あの赤いジャージーを着られると思っただけで、こみ上げてくるものがありました。そう思ったら変わっちゃったんですが」と川原は笑って、「今度はアレに負けないジャージーになるように頑張らなきゃ」

だが、赤いジャージーを誇りにして戦ってきた世代の気持ちはどうなのだろう。34歳の桜庭吉彦にそれを尋ねた。日本代表として43キャップ。歴代最多の通算試合数108という大記録（後に元木由記雄が更新）の持ち主は、Ｖ７達成直後の１９８５年に入社。釜石が王者だった時代を身体で知る、最後の現役プレイヤーだ。

「クラブ名については、僕は釜石の名前さえ残れば、あとは何でもいいと思っていました。愛称にもこだわらなかった。ジャージーも、自分を含めて赤い色に愛着を持つ人は多いと思うけど、それ以上に新しいスタートに意義があると思った。僕自身は、チームカラーは継承してもいいいんじゃないかなと思っていたんですが、それを若い選手に伝える機会もなかった。言うべきだったのかもしれないけれど、彼らが中心になって新しいチームをつくっていくときに、迷わすようなことを言ってはいけないとも思ったんです」

あくまでも穏やかな口調の裏に、底知れない優しさがのぞく。クラブ化が発表された際も「会社の真意はどうなんだろう？　という思いはあったけど、自分の言動に影響を受ける人も多いと思うし、少なからず注意して、慎重な行動を心がけました」と桜庭は振り返る。一方で、何人かのＯＢからは、軽い調子で「寂しくなるなぁ」という声を聞かされたという。あくまでも、軽い調子で。

釜石にはＶ７当時から、「ＯＢは現役にかかわらない」という不文律がある。今回のクラブ化でも、準備委員会に歴戦の猛者の名はなく、釜石ラグビー部初代主将である三浦達夫ＯＢ会長（現・シーウェイブス事務局長）が代表で名を連ねただけ。その三浦さんは「ＯＢ会はもともと、現役には一切口出ししないことをコンセンサスとしてつくられた。

名前が消える寂しさはあっても、みんなそれを口には出さないし、ジャージーの色を残せとも言わない。皆さん淡々としていますよ」と話した。

実は釜石が赤いジャージーを採用したのはＶ４の年（１９８１年度）からで、それまでは紺と白の段柄だった。三浦さんは「鉄紺といって、鉄は表面が紺色で、割ると中は白く光るんです。それを森（重隆）や松尾（雄治）が『燃える高炉の赤がいい』と発案して赤に変わった」と経緯を教えてくれた。何ものも、一切不変はあり得ない。新しい水夫は新しい舟に乗り、新しい海に漕ぎだしていく。

だが、ジャージーの色よりもっと重大なテーマが、ここには含まれている。ＯＢとは「口出し」という言葉に象徴されるネガティブなだけの存在ではないはずだ。技術だけでなく、釜石から世界に飛び立った幾多の先人たちには計り知れない経験と、それに裏打ちされた見識がある。その歴史の積み重ねこそが、今も釜石を特別なクラブたらしめているのだ。その財産をどう活かすかが、シーウェイブスの未来を左右するのだ。まだ間に合う。

6月23日。シーウェイブスが、初めて釜石でプレーする日がきた。無量の汗と涙を吸い込んだ松倉グラウンドが青々と輝く。自衛隊仕込みの大型特殊免許を持つロック仲上《なかがみ》太一《たいち》が、業者から借りた管理機器を自ら操って育て上げた芝だ。「人件費も節約できるし、僕自身の勉強にもなる。自分たちで整備したグラウンドで試合をしたり、子どもたちが遊べたりしたら本当に嬉しいですよね。鹿の糞もいっぱい落ちてますけど（笑）」

関東学院大を迎えた初戦は、約５００人の見守る中、正午にキックオフされた。グラウンドを囲む砂場や鉄棒では子どもたちが遊び、周囲の斜面からはさまざまな温度の視線がフィールドに注がれる。

しかし、釜石のパフォーマンスは冴えなかった。大学王者は学生ばなれしたうまさで密集の釜石ボールを奪い、今村友基*の発熱で急遽代役スタンドオフに指名された奄美大島出身の竹山将史が硬軟自在にバックスを操る。対する釜石は、クラブ化初のホーム戦という特別な試合に臨む気迫が見えない。学生王者のうまさと速さに圧されてか、攻めてはパスを後ろに逸らし、ポイントに集まり遅れ、カウンターにゲインを許す。関東学院大が前半を19対０とリードすると、後半は釜石がフルバック篠原洋介、ウイング木立博臣、スタンドオフのタイロンがトライを返したが、バックスタンドを走る大漁旗にも勢いはなかった。最終スコアは17対31。

この試合、釜石は昨年来続けてきたＰＫからの速攻を改め、キックで陣地を進める戦術を試した。「結果的に、それでリズムをつくれなかった。ラインアウトも予想外に取れなかった」と高橋監督は話したが、記者にはそれ以前の問題に見えた。春から勝敗だけを求めるのは筋違いだが、釜石にとっては、特別な年の、地元で行う最初の試合なのだ……。

＊今村友基＝関東学院大のスタンドオフ。伏見工時代にU19日本代表に選ばれた。現・神戸製鋼。

キャプテンの池村章宏（釜石ラグビーフェスティバル：01.07.01 三洋電機戦）

1週間後。記者は7月1日の釜石ラグビーフェスティバル、三洋電機戦に向かった。関東学院大戦を選手・スタッフがどう位置づけ、何を修正して次の試合に臨み、どんなパフォーマンスを見せるのか。それが今季の釜石を占うと思ったのだ。

三洋戦の釜石フィフティーンは、1週間前とは別人に見えた。開始直後に先制トライを許したが、直後にゴール前PKから、釜石南高→亜大→釜石市役所勤務の新人フランカー菊池太介がトライを返し、タイロンのゴールで逆転。プロップ高橋竜は三洋の新助っ人・オールブラックス*50キャップのスタンドオフ、ウォルター・リトルに猛タックルを浴びせてノックオンを勝ちとる。シーソーゲームとなった前半は17対17の同点。前週の倍にあたる1000人の観衆は、釜石フィフティーンの気迫あふれる戦いに拍手を送った。

試合は後半も白熱した。12分に池村主将のトライで釜石が勝ち越せば、30分に三洋はリトルの突破からフランカー金子のトライで再び同点。そしてそこから、ホームの勝利を求める釜石の怒濤の攻撃が始まった。真野が、菊池が、次々とトライラインに迫る。だが自分で決めようと焦りが出るのか、最後のラックでボールが出ない。ロスタイムの43分、タイロンが狙った正面25メートルというイージーな勝ち越しPGが右に外れ、試合は24対24の引き分けに終わった。

そのとき、選手の顔に、悔しさよりも安堵が浮かんだように見えた。

「やろうとしていることはできてきた。選手も、東日本のレベルをリアルに意識して戦

*オールブラックス＝ラグビー強国・ニュージーランド代表のこと。

えたと思う」と高橋監督は言った。第1センターの森闘志也《としや》が、タイロンとのダブル司令塔としてゲームメークするプランも効果的だった。所用で欠場した桜庭に代わって、1軍復帰を果たした仲上の見せた久々の重量感も頼もしかった。

だが池村主将は「ディフェンスは評価していいけれど、もっとラクに勝てた試合だった」と吐き捨てた。あえて言えば、この展開を落とし続けてきたのが「V7以後」の釜石の歴史なのだ。これに満足していては、違う未来は開けない。

勝つべき試合に勝てなかった重みをどこまで真摯に受け止め、一人ひとりがどこまで自分を追い込めるか。釜石にとって特別なシーズンの開幕まで、もう2カ月を切っている。

再生への船出　釜石ラグビー［2001年9月］

青いジャージーが、次々とインゴールに躍った。

9月9日。前夜からの雨が上がり、真夏の日差しに包まれた釜石市の松倉グラウンド。トライのたびに、色とりどりの大漁旗が青空に翻《ひるがえ》り、グラウンドを囲む土手に陣取った、約1000人のファンが歓声をあげる。

99対0で迎えた後半ロスタイム、途中出場のロック仲上太一が、ボールを抱えたまま右中間に転がり込み、得点はついに3ケタの大台に達した。

2001年の関東社会人リーグ1部Aブロック開幕戦。警視庁を106対0という一方的なスコアで蹴散らして、釜石は、地域密着型クラブとしての新しいスタートを切った。

「100点ですか、公式戦では記憶にないですね。取られたことならありますけど……」。高橋善幸監督が話す。口調には、大勝にも喜ぶ気配は感じられない。

それもやむを得ないか。相手の警視庁は、前年は1部Bブロックで7位。1部が2ブロックに改編される前の1999年度までは実質的な2部で戦っていたチームなのだ。東日本社会人リーグでサントリー、東芝府中などの強豪と戦っていた釜石とは、そもそも土俵が違う。だが、それでも得点を3ケタの大台にのせたことには意味があった。釜石はこのレベルに安住しているわけにはいかない。そんな決意が、このスコアからはにじみ出ていた。

「やっぱり勝ちながら勝ち方を覚えていくのが理想です」。高橋監督は静かに言った。昨年までは、序盤戦に強豪とあわやの激戦を繰り広げながらわずかおよばず、いつのまにか勢いを失っていくシーズンの繰り返しだった。実力差はあっても、勝利は何よりの薬である。

——お客さんからも、歓声がいっぱい出てましたね。そう聞くと、

「あ、そうですか……グラウンドのほうばかり見てましたから」。監督は、まったく知らなかったように答えた。

それだけ集中していたのだ。それは、この新しいクラブの春からの時間を思えば、監督として当然のスタンスだったかもしれない。

三ケタ得点をもたらした仲上太一（01.09.09 警視庁戦）

新日鉄釜石ラグビー部がクラブ化を発表したのは２０００年の11月27日だった。従来の社会人ラグビーの規定では、企業の枠を超えた選手の出場は認められていなかったが、地元の私設応援団有志が「これまで通り社会人リーグへの出場を」と訴える署名を、わずか2日で1万５０００人分も集め、関東ラグビー協会に直訴。従来と同様に、リーグ戦に出場できるとの裁定を勝ち取った。だが、肝心のチームは東日本リーグ残留をかけたチャレンジリーグ最終戦で、三菱重工相模原に1点差で敗北。新日鉄釜石という名前だけでなく、チーム自体が表舞台から消えてしまった。

クラブ化は、ある意味で時代の必然だっただろう。不況の長期化は経営の合理化を迫る。単一の職場で、団体競技で最多の人数を必要とするラグビーのチームを運営するのは厳しい。釜石以外でもこの3年間、社会人ラグビーから撤退した企業は、各地域トップリーグ所属のチームだけでもニコニコドー、日新製鋼、伊勢丹、ＮＴＴ西日本福岡（旧・ＮＴＴ九州）の4社を数える。だが新日鉄は、ラグビー部を実質的に解散させた他企業とは異なる道を模索した。答えは、地域密着型のクラブとしてチームを再生させることだった。

「理念は『所有から支援へ』。撤退ではなく、地域に開放していこうという考え方なんです」。クラブ化の実務面を担当した新日鉄総務部の山本裕さんは説明した。新日鉄は、従来のラグビー部予算と同規模の支援を当分の間、継続。近隣自治体や企業などからの新たな支援は、ラグビーの普及・指導など地域社会への貢献活動にあてられる。

そしてクラブ化は、ラグビー部存続のネックとなっていた人材確保の道を大きく広げた。内陸の北上市からは、同様に昨季限りで活動を停止した岩手東芝からプロップ高橋竜次、センター川原太一などが加わり、新たに加わったメンバーは総勢13人。新日鉄時代を含めても史上最多の新人が、クラブとして再生する釜石の前途を明るくしているように思えた。だが、シーズンを迎えるまでの釜石の足取りは、順調とは言えなかった。

4月に横浜で行われた7人制大会「YC&ACセブンズ」ではいいところなく2戦2敗。クラブ名が「釜石シーウェイブス」と決まり、青を基調とした新ジャージーで登場した6月の早大戦には76対7で大勝したものの、地元・釜石での初試合、関東学院大戦には17対31の完敗を喫した。7月1日、釜石ラグビーフェスティバルとして行われた三洋電機戦には24対24で引き分けたが、続く14日のクボタ戦には完敗した。試合によって、内容に波がありすぎる――それが、春シーズンの釜石だった。そして8月、試練の夏合宿を迎える。5泊6日の合宿で、組まれた試合は4試合。つまり、毎日ゲームが行われたのだ。

「普段、一緒に練習する機会の少ない選手もいますから、練習を主体に日程を組む方法もありました。でもそれより、実戦のプレッシャーの中で、現時点でどれだけできるかを見極めたかったんです」と高橋監督。

初戦は8月12日。北見で行われた明治大戦だった。釜石は、今年から主将を務めるスクラムハーフ池村章宏、副将のナンバーエイト三浦智拓《ともひろ》らの主力を外したメンバーで臨んだ。

合宿で組まれた4試合は明大、NTT西日本（旧・NTT関西）、マツダ、リコーの順。主力は第2戦、第4戦に割り当てられた。それでも明大戦にはフランカーで出場した前主将の青山敦司、ロック仲上、新加入のスタンドオフ、タイロン、センター川原ら主力の選手も含まれていた。チームが二軍根性に陥らないようにという監督の配慮だった。

だが、そんな目論見は脆《もろ》くも崩れ去る。試合の序盤こそ釜石が攻め込んだが、レフェリーの早すぎる笛にペースをつかめず、逆にラインアウトの自軍ボールを連続して失うなどミスを連発。あっけないトライを与え始めると、もう歯止めがきかなかった。前半を5対19で折り返すと、後半は6トライを献上しただけの無得点。うなだれてインゴールに戻る青いジャージーには、無力感だけが漂っていた。最終スコアは5対61。

高橋は、選手にかける言葉を考えていた。

お前ら赤いジャージーは弱そうだって言っといて、青《これ》も弱いイメージになっちまったじゃねえか。今度は何色に変えるんだよ。そんな言葉が、喉まで出かかっていた。

釜石はクラブ化を機に、チームの象徴となっていた赤いジャージーを青に変えた。新しいクラブ名「シーウェイブス」に因《ちな》み、荒々しく押し寄せる波のように攻めるイメージを託したとされているが、同時に「ジャージーの色を変える」ためのネーミングにも思えた。

クラブ名は一般に公募を呼びかけ、５００通あまり寄せられた候補から、選手自身がシ

惨敗を喫した2001年夏合宿の明治大戦

ーウェイブスという名を選んだとされている。しかし、どんな名前がふさわしいかの結論は、議論を積み重ねたうえにではなく、挙手による多数決で決められた。「ＯＢは現役に口出ししない」という釜石の伝統もあることから、ミーティングの席に参加したのは現役の選手だけで、最年長の桜庭はその日、所用で欠席していた。

「どんな名前がいいとか、あまり考えていなかったんです。まあ海が近くにあるし、名前を聞いたときに（シーウェイブスは）響きがしっくりきた感じです」と振り返るのは、新ジャージーのデザインを担当した津嶋俊一だ。大船渡工業高出身の22歳。入社2年目の一昨年は、センターでほぼ全試合に出場していた。

「僕は赤いジャージーを重荷に感じてたとか、そういう意識はないんです。むしろ特別な気持ちになって、そりゃ気合い入りましたよ。

ただ、勝てなかったですからね。僕なんかは、いつまでもこだわんなくてもいいじゃん、みたいな気持ちもあったんです。周りのチームを見てると、サントリーとかぽんぽんジャージーを変えてるじゃないですか。中には『早くジャージー変えたいよなあ』と話してる人もいましたけど」

そして津嶋は、伝統と自分たちの関係について話してくれた。

「僕自身にはＶ７の記憶はないんです。勧誘に来てくれた坂下さん（功生＝Ｖ７時代のスクラムハーフ）すら知らなかった。ちょうど入る直前に、テレビで釜石のドキュメンタリーをやってて、それを見て初めて『オレは凄いチームに行くんだなあ』と思ったくらい。その分、入ってみたらファンの人たちの熱い声もあって嬉しかったんですけど……」

愛するが故の苦言もまた、少なくない。それが、若者の反発心も呼び起こしたようだ。

「釜石はやっぱり森重隆、松尾雄治なんだな、みたいなことを言われるのが悲しかったですね。ファンの中では、釜石ってチームはそこでストップしてるのかな、今やってる僕らは何なんだろうな、と感じたり……」

ジャージーのデザインは不変のものではない。新日鉄釜石として発足した当時は、鉄の輝く色に因んだ「鉄紺」と白の段柄。それを、V4を達成した1981年度から、燃える高炉の炎をイメージした赤に変えたのが、森や松尾の世代だった。そして実は、昨年もジャージーを変える動きはあった。若手選手の間に「赤には弱そうなイメージがある」という声が挙がっていることを知ったヘッドコーチのピーター・スラッタリーが提案し、濃紺のジャージーを採用。リーグ戦の半分ほどは、その新ジャージーを着て戦った。

監督の高橋にとっては、苦渋の選択だった。岩手に生まれ、赤いジャージーに憧れて育った36歳。猛牛と異名を取り、対戦相手を恐れさせた高橋も、監督としてはチームの低迷にピリオドを打てず、逆にチームの象徴であるジャージーを変える当事者になった。

「僕は選手自身に責任を持って自立してほしかったんです。ジャージーを変えれば、ファンには寂しい思いをさせるかもしれない。でも僕が理屈をつくって『赤がいい』と言ったら、選手はそのまま受け取ってしまう。自分たちが決めたジャージーなら『今までの弱いイメージがあるから負けた』と責任を転嫁できなくなる。そうしないとチームが生まれ変われないと思ったんです」。監督は、ジャージーの変更にそこまで思い詰めていたのだ。そうまでして変えたジャージーなのに……。

東京の修徳高から入社5年目の篠原洋介も、明大戦の結果に怒りを覚えた一人だ。172センチ72キロと小柄ながら、強気な状況判断とカウンターアタックの光るフルバックは、今季から副将に指名されている。23歳にして2児の父。

「ふてくされてるヤツは、クラブになったんだから辞めてもらって構わないんですよ」。篠原は口を尖らせるようにして言い切った。

若手選手の間には、諦め気分が蔓延《まんえん》しかけていると篠原は言う。大卒選手や外国人選手の加入でポジションが遠のいた選手などに、その気配が強いという。

「そんなときは、オレも負けねえぞと頑張るのが当然じゃないですか。なのに、最初から『じゃあオレは2本目か』と諦めてる。オマエはなんでここでラグビーしてるのか、と言いたくなりますよ。前はラグビーも仕事の一部みたいな感覚があったけど、今は年間1万円も会費を払ってやってるんだし、やる気がないんならお金も時間もムダ。こっちは強くなりたくてやってるんだし、足を引っ張るヤツがいたらモチベーションが下がるだけ。クラブを辞めてもらって構わないんですよ」

フルバックの篠原洋介（01.09.09 警視庁戦）

2時間かけて釜石に通う高橋竜次

クラブ化は、選手のプライベートにも負担を強いている。多くの社会人チームの選手は、給与のほかに栄養費などの手当を受けながら競技生活を送っている。釜石では、選手は1万円の年会費を払ってクラブに参加し、サポーター募集や地域貢献活動にも駆り出される。昨年までなら休日だった試合のない週末が潰れるのは、家族持ちにも彼女持ちにも複雑な心境かもしれない。

だが、篠原の口調はここでも明快だ。

「僕なんかそもそもラグビーしたくて釜石まで来たんだし、地元の人に支えられてやれるって幸せですよ。川原さんみたいに、毎週末に北上から通ってくるような人もいるんだし、そういう気持ちのある人と一緒にやったほうが楽しい。チームだって絶対強くなる」

欧州で生まれたクラブはそもそも、休日に充実した時間を過ごすために始まった。職場の士気高揚、会社のイメージアップを目的とする日本の企業スポーツとは本質的に異なる。現在、若手の間にモチベーションの上がらない選手がいることも、釜石がクラブ化する過渡期の現象だと信じたい気もする。

だが、クラブ運営を考えると、この現象を軽く見てばかりはいられない。

川原とともに北上から通ってくる高橋竜次は「盆休みが全部潰れるのって辛いスよ」。とこぼした。中には、「カミさんに『実家に帰っていい?』と聞かれました」と苦笑する選手もいた。その言葉を聞きながら、外国のクラブで見た、選手の家族や彼女、友人たちが試合後、クラブハウスで笑顔で楽しく時間を過ごしていた光景を思い出した。そこには、とうの昔に現役を退いたOBたちの姿もあり、深く濃いラグビー談義だけでなく、ラグビーとはまったく関係ない話題をも楽しそうに交わしていた。年齢も職業も幅広い多くのプレイヤーの存在が、そのまま次代の選手を育てる裾野となっている。

そういうことなのだ。

夏合宿の最後に、池村主将は言った。

「Aチームには戦う意識がだいぶ出てきたと思う。でも圧倒的に足りないのは人です。選手だけでなく、クラブの実務面のマンパワーが絶対的に足りない」

シーウェイブスは基本的に、新日鉄釜石時代のベースを引き継いで運営している。チームの広報もサポーター組織も、新日鉄のスタッフにほぼ委ねている。クラブ化の際、署名集めに奔走した旧私設応援団の佐野隆夫代表ら、新日鉄社外のスタッフも加わっているとはいえ、クラブ運営に地域の人材を十分活用しているとは言い難い。

では、釜石には本当に人材がいないのか?

そんなことはない。釜石には、声をかけてもらうのを今か今かと待ち構えているに違いない、眩《まばゆ》いばかりのOBがゴロゴロしている。だが彼らは、「釜石クラブ」というOBチームで時折プレーするだけで、新しいクラブとかかわることなく過ごしている——。

「新しいことを始めるんだったら、名前も服も新しくするのが普通でしょ」と池村は言っていた。それならば、「OBは現役に口出ししない」という旧時代の不文律も、今のシーウェイブスには関係ないはずだ。

夏合宿は2勝2敗で終わった。明大に苦杯を喫したBチームは2日後、西日本リーグの強豪マツダを相手に50対28の完勝。試合前のグラウンドには、主将を務めた仲上の「みんな、なんでここにいるんだ。釜石のジャージーを着て試合に出るためにいるんだぞ！」という檄が飛んでいた。AチームはNTT西日本に競り勝ち、東日本リーグのリコーには5対31で敗れたが、「内容では収穫が多かった」と高橋監督、池村主将は口を揃えた。

9月9日の開幕戦。きょうのMVPを挙げると？　と聞かれた高橋監督は、3トライを稼ぎ、チャンスメークにも奮闘した川原の名を挙げた。小学生のころから釜石に憧れ、盛岡工、日大を卒業する際にはともに釜石入り目前まで話が進みながら、赤いジャージーには縁がなかった。昨年は、所属していた岩手東芝から石川県に出向を命じられ、ラグビーから離れていた。そんな過去を持つ川原は、釜石のフィフティーンの中でも、プレーする姿が最も楽しそうに見える。おそらく北上から片道2時間のクルマの中で、このクラブでラグビーをする意味について、常に自分と対話しているからなのだろう。記者に囲まれた川原は、柔らかい笑顔で言った。

「チームと一緒にやれるのは週末だけだけど、その分集中できます。それに、自分が頑張ることで、ここに来て一緒にプレーしたいと思う人がもっと出てきたら嬉しいですから」
船出の日に、いい言葉を聞いたと思った。

クラブ公式戦初トライは真野──シーウェイブス3ケタ得点&完封［2001年9月］

前夜からの激しい雨は、試合開始に合わせるように上がり、松倉グラウンドの青芝には真夏を思わせる日差しが照りつけた。「今年は8月が寒かったからな。今ごろになって夏がきた感じだ」。フィールドを囲む土手に陣取った地元ファンが呟く。

9月9日。遅れてきた真夏の光を浴びて、新日鉄釜石からクラブ化した釜石シーウェイブスが、初めての公式戦に登場した。関東社会人リーグ1部Aブロックの開幕戦。地元・釜石に警視庁を迎えての一戦に、岩手県内のテレビ局は全局がカメラマンを送り込んでいた。

釜石は、選手登録が遅れたため9月28日まで出場資格がないフッカーのショーン、スタンドオフのタイロンが欠場。先発フィフティーンには岩手東芝から加入したプロップ高橋竜、センター川原に加え、プロップ浅田（関東学院大）、夏合宿で一気に頭角を現したスタンドオフ細川（東北福祉大）と、4人の新メンバーが並んだ。

正午。警視庁のキックオフを号令に、真新しい青いジャージーに身を包んだ15人は、貪欲なまでにボールを追った。キックオフからのノーホイッスル攻撃こそトライ寸前でタッチを割ったが、クラブの初トライまで待つ時間は長くなかった。5分。自陣からフルバック篠原副将がロングアタックをかけ、捕まったところにすかさずロック桜庭が到達。素早く強いオーバーでリサイクルされたボールは左に送られ、逆サイドから走り込んだウイング真野がトライラインを越えて走り込んだ。

春の招待試合、夏合宿の練習マッチ。いつも釜石を悩ませたのは出足の遅さだった。開始直後に猛攻をかけながらゴールを割れず、いつのまにか勢いを失う。昨季は関東1部Bブロック7位に終わった警視庁が相手とはいえ、勝ちから遠ざかっていた地元のファンは、このトライに一斉に歓声をあげ、割れんばかりの拍手が沸き起こった。

そして青いジャージーは、その声にこたえるように得点を重ねていく。次のキックオフからセンター川原が駆け上がり、ゴール前のPKからフランカー三浦智がトライ。15分にナンバーエイトのスタッフォードがPGを決めると、18分にはスタンドオフ細川の突破から川原が40メートルを独走してゴールポスト下へ。これで呪縛は完全に解けた。ウイング神座《かんざ》の50メートル独走、スクラムハーフ池村主将のサイドアタック……青いジャージーが白い線を越えるたびに、大漁旗が揺れた。99対0で迎えた後半42分には、途中出場のロック仲上が右中間へダイブ。

高橋監督が「今年の春に茨城のピッグノーズ*戦で取ったけど、公式戦では記憶にない」と言ったように、新日鉄時代を含めても釜石初となる3ケタの大台に到達。この日一度しかプレースキックを外していないスタッフォードがコンバージョンを蹴り込んで、試合は

＊ピッグノーズ＝茨城県で活動しているクラブチーム。前身は元釜石のプロップだった長山時盛が監督としてチームづくりにあたったイワサキクラブ。

釜石を支え続けるロックの桜庭吉彦（01.09.09 警視庁戦）

警視庁戦後、記者に囲まれる高橋善幸監督

終わった。ファイナルスコアは106対0。

高橋監督は、表情を崩してはいなかった。観客への挨拶を終えた選手たちを握手で迎えたときも、ほのかに微笑んだだけ。

「こっちのミスから攻め込まれる場面もあった。全体のデキでは70〜80点つけてもいいけど、セットからの動きを見ていても圧倒的じゃなかったし……まだ、これからです」

釜石のターゲットは、関東1部で対戦する各チームではない。目標は12月からのチャレンジリーグを勝ち抜くことであり、さらに復帰した東日本リーグで、強豪チームに伍していくことなのだ。このレベルの圧勝で満足はできない。池村主将も「これが東日本で通じればいいんですけど。これからが長いですからね」。戦いはまだ始まったばかりなのだ。

「ただ、勝って反省していけるのはいいですよね。やっぱり勝ち方を覚えながら強くなっていくのが理想ですから」。高橋監督は、そう言ったときだけは少しだけ表情を緩めた。昨季の開幕戦はNECに25対30。2年前は三洋電機と26対29。序盤戦に何度も上位チームを追い詰めながら、結果が出ない事実がチームの勢いを殺ぎ、薄い選手層には疲労が蓄積し、やがて実力差のないチームにも星を落とす——そんな、これまでありがちだったパターンとは、まさしく正反対のスタートだ。

高橋監督からマン・オブ・ザ・マッチに指名されたのは3トライを決めただけでなく、プレー回数の多さでチャンスメークにも働いた川原。

岩手東芝から加入し、釜石の主力になった川原太一（01.09.09 警視庁戦）

「試合が始まってすぐは、自分でも何やってんだろう？　って。パスも落としちゃうし、やっぱり緊張していたんですね。試合の終わりごろになって、やっと周りが見えてきました。でも僕が頑張ることで、県内の遠くからでもここに来て一緒にやりたいと思う人が出てきてくれたら嬉しいし」

春からは毎週末、高橋竜とともに片道2時間かけて通ってきた。中学生のころから憧れ続けた釜石での公式戦デビューに、27歳の心は少年のように弾んでいた。

「すきだから」——清水建設、クラブ化してブルーシャークスへ［2001年9月］

長引く不況と、産業構造、雇用形態の変化などを背景に、企業スポーツが曲がり角を迎えていたこの時期、釜石のクラブ化は国内ラグビーに新しい潮流をもたらした。シーウェイブスが初めてのシーズンに突入する矢先の2001年9月、釜石に続き、企業チームから移行した2つ目のクラブチームが東京に誕生した。

釜石から始まったクラブ化の流れがついに首都にも届いた。

続いたのは、関東社会人リーグ1部Aの清水建設である。2001年度のシーズン、清水建設は「ブルーシャークス」という新しい名を持ったオープンクラブとして、公式戦に登場するのだ。

「こうしないとチームがなくなるところだったんです。人がいませんから」。クラブ化の実務面を担当した山本昇は言い切った。１９８７年度に早大が日本一に輝いたときに3年生だったフランカーだが、早大での公式戦出場は4年間で1試合だけ。2年前に引退して現在は36歳。そんな山本が、今も選手登録を続けているところに、清水建設の台所事情が現れている。

山本が続ける。「今は社員選手が24人で、そのうち30歳以上が10人です。どう考えても先が見えてるんですよ」。以前は毎年4~5人を補強できていた清水建設だが、ここ3年間は1人採用するのがやっと。不況の影響で、会社の採用自体が最盛期の2割以下に縮小したのだからやむを得ない。このままいけば、ラグビー部の消滅もしくは活動停止は時間の問題だった。それゆえ「クラブ化の方向を話し合うようになったのは5年くらい前から」（山本）と、昨年暮れに準備を始めた釜石よりも出発点では先行していた。

「ウチは仕事もラグビーもできるよ、と選手を誘って集めて、ここまでやってきたんですから、チームを解散させることは、彼らがプレーする機会を奪うことなんです。ラグビーやりたいから会社を替わるなんて、簡単にはいかないから」（山本）

かくして、クラブ化した清水のグラウンドには今季から、5人の社外メンバーが加わった。昨季まで伊勢丹で活躍したナンバーエイト高橋一聡《いっそう》(30)、東芝府中のラグビー部で戦力外とされたセンター関根慶《けい》(26)、そして以前から日本で働いている3人の外国人だ。その中には、昨秋(2000年11月)来日したワラビーズ*と対戦したプレジデントXV(フィフティーン)に参加した、新宿でスポーツパブを営むガーナ・ダウリング(31)も含まれている。問題は、社外から迎えた選手を受け入れられる空気があるかどうか。特にポジション争いをする選手は、複雑な心境が沸いてもおかしくない。

「それについてはコーチの加藤*(尋久《ひろなが》)が、『今年からは、選手自身が自分とラグビーの関係をはっきり意識しましょう』と最初に言いましたね」と山本。「オレたちも、外から来る人たちも、ラグビー好きだったら一緒にやろうよ、という気持ちで一致してます」と言うのは主将の武居健作だ。清水建設の社員部員も、新たに加わった5人も、ここで失敗すればプレーするチャンスを失うことは同じ。いわば運命共同体なのだ。

そんな清水建設が看板として、これまで以上に掲げていこうとしているのが、7人制日本代表でも実績を残してきた加藤コーチの存在だ。

「僕が32歳のときに加藤がチームに来て、それからのラグビーが凄くおもしろいんですよ。辞めるのもったいないな、と思うくらい」と山本は苦笑する。武居も「加藤さんは世界を見てる人だし、僕らもそれを通じて世界を意識している。清水建設が加藤さんとやってきた歴史をさらけ出すことには勇気もいるけれど、外から来る人と一緒に、もっといい

*ワラビーズ＝オーストラリア代表チーム。91年、99年のW杯で優勝している。

*加藤尋久＝熊谷工－明治大－神戸製鋼。日本代表でも活躍したセンター。7人制日本代表コーチなどを経て06年から東海大学コーチ。

ものに発展させていけたらいいですよね」と瞳を輝かせる。

多くの社会人チームと異なり、清水建設ではこれまでも、一人年間2万円の部費を払っていた。会社が加入しているのとは別に、自分で傷害保険にも加入し、保険料を払う。練習や試合に関する交通費も、マネージャーに任せるのではなく自分で伝票を書いて請求している。一般的に言われる「恵まれた環境」ではないかもしれないが、自分とチーム、自分とラグビーのかかわりを普段から意識できる、オトナの環境なのだ。運営側と選手側の意識に温度差がない。

「全員が選手であり、全員がフロントである。そんなチームにしたいね、とは前からみんなで話し合ってるんですよ」と山本は言う。「部費や保険料を払ったり、伝票書いたり、そういうことを普段からやってるから、他から来た人ともすんなり一緒にやれるんです」と、武居も頷いた。

新しいチーム名は「ブルーシャークス」。協会の規定で、クラブ化した場合は企業名をつけられないため会社側との調整に難航。シーズン開幕直前までクラブ化を発表できなかったのには、そんな事情もあった。

「会社としておカネを出す以上、名前を出せないのは嬉しくないでしょうね。でも、自前でつくるパンフレットや応援旗では『清水ブルーシャークス』ですから。会社の応援もいただけると思ってます」(山本)。

新しい仲間を得たことで、東日本リーグ昇格への夢を再び追える。
門出のシーズンが、幕を開けた。

清水対釜石。クラブ化した両チームよ、新たな歴史を創れ［2001年11月］

「去年僕らが味わった思いに、これからもいつ誰が直面するかわからないですから。僕は会社の方針でチームがなくなることを経験した一人として、日本でもクラブが主流になるべきだと思うんです」。額に汗と芝を貼りつけたままで、高橋一聡は言った。

11月18日、いわきで行われた関東社会人1部リーグの一戦。高橋は昨季限りでラグビー部を廃部した伊勢丹を退社し、清水建設を母体に今季からクラブ化したブルーシャークスの一員として、釜石シーウェイブスとの試合に出場していた。これまで企業チーム以外には門が閉ざされていた社会人ラグビーで、企業からクラブ化したチーム同士の直接対決という歴史的な試合。ナンバーエイトのリザーブで途中出場した高橋は、身を挺したセービングで終了直前の逆転トライをお膳立てした。

歓喜の輪の中には、昨季まで東芝府中の一員だったセンター関根慶の姿もあった。今年1月に東芝府中ラグビー部から戦力外通告を受けた26歳は、「話を聞いて5分後には」他のチームでのプレー続行を決意。クラブ化の情報をつかむや清水建設の加藤尋久コーチにメールで頼み込み、昼は東芝の社員として府中工場で働き、夜は世田谷区の清水建設グラウンドへ通って汗を流す生活を始めた。釜石のトイメンは日大で1年先輩の川原太一。岩手東芝の廃部でプレーの場を失い、釜石のクラブ化で第一線に舞い戻った、同じ境遇の先輩だ。「試合前に挨拶はしたけど、もっと試合で対決したかった」と、後半10分からの途中出場に物足りなさそうな関根だが、「今は、東芝の人たちよりもラグビーを楽しんでると思いますね」

企業チームのような各種手当はなく、部費も自腹。合宿や遠征にも自分の休暇を使わなければならないが、その分「自分からラグビーに取り組んでいる実感がある。仕事をしながら、個人の資格でクラブに参加するかたちなんて、海外じゃ当たり前ですから」

高橋は言った。「釜石と清水が確実に前進して、揃って東日本リーグに上がっていきたい。こういうクラブが日本には必要なんです」

清水も釜石も、東日本リーグ復帰には12月第1週からのチャレンジマッチを勝ち抜き、1月第4週まで6チーム総当たりで戦うチャレンジリーグで上位2位までに入らねばならない。結果が出なければクラブ運営も安泰ではなかろう。長く険しい道に挑む2つの新たなクラブよ、どうか歴史の創造者たれ。

歴史的一戦。日本ラグビーの歩んでいく先［2001年11月］

2001年11月18日は歴史的な日だった。この日、いわきグリーンフィールドでは、東日本社会人リーグのサントリー対クボタに先立ち、関東社会人リーグ1部Aブロックの試合が行われた。対戦したチームは釜石シーウェイブスとブルーシャークス。新日鉄釜石と清水建設が、揃ってクラブ化したシーズンに、初めて直接対決した試合だった。

考えてみれば「社会人ラグビー」という言葉自体不自然である。これまでの「社会人」は、企業・職場を単位としたチームしか参加できなかった。ラグビー強化に力を入れているごく一部の企業に所属しない多くの社会人は「社会人ラグビー」に参加を許されず、正確には「実業団ラグビー」と呼ぶべき実態だった。

実際、1949年2月に産声をあげた全国大会の名称は「第1回全国実業団大会」だった。その後、52年度の第5回大会から、官公庁チームも参加できるよう「全国社会人大会」と改称。日本代表フランカー山口良治*が所属した京都市役所が22回出場した（72年度の第25回大会では四国電力徳島を相手に106対6と大会初の3ケタ得点を記録した！）のをはじめ、愛媛県庁、大阪府警、警視庁、秋田市役所など官公庁チーム、大分教員、山梨教員などの職場横断型チームも参加してきた。

しかし91年、日本ラグビー協会がいわゆる「外国人枠」を導入した際に「登録選手は企業・学校の正規構成員に限る」という条項がつくられ、それまで九州社会人で強豪の一角を占めていた吉四六《きっちょむ》クラブなど、地域に根ざして活動してきたオープンクラブは日本ラグビーの表舞台から追われてしまう。93年には全国クラブ選手権が発足したが、それはやは

*山口良治＝70年代の日本代表で活躍したフランカー。伏見工高監督として全国高校ラグビー大会で優勝し、テレビドラマ「スクール☆ウォーズ」のモデルになった。

り日陰の存在。強豪チームを抱える企業に所属しない大多数の社会人にとって、「社会人ラグビー」が無縁の世界であることは変わらなかった。日本代表フランカー梶原《かじはら》宏之は、東芝府中を退社して郷里・山梨で教員になり、トップレベルの試合機会を失った。

新日鉄釜石と清水建設が、相次いでクラブ化の道を選択したのは、長引く不況で選手補強が難しくなったためだ。団体スポーツで最多の人数を必要とするラグビーのチームを単独の企業が所有するには、よほどの企業体力が必要となる。だが、苦肉の策として選択されたクラブ化は、企業の論理でプレーの機会を奪われた選手に福音をもたらしもした。

釜石には、岩手東芝の廃部でプレーの場を失った川原太一、高橋竜次、トーヨコの廃部で郷里に帰り教員になっていた小田島康人が参加。ブルーシャークスにはラグビー部を廃部した伊勢丹を退社した高橋一聡、東芝府中から戦力外通告を受けた関根慶が加入したほか、ラグビーを目的とはせずに来日した外国人選手も参加。新宿のスポーツパブ「クラブハウス」店長のガーナ・ダウリングもその一人だ。

従来の企業システムが持っていたメリットは否定しないが、自己の責任でクラブに参加するというラグビーへのかかわり方もあっていいはず。そのほうが、日本ラグビーを支える裾野もより広く、より強く、より社会に開かれたものになる。

日本のラグビーは、そんな多様性を持ったものになっていってほしい。

明暗——クラブ化元年、それぞれのアプローチ［2001年12月］

スタンドもないグラウンドを、冷たい風が吹き荒れていた。

12月9日。宮城県名取市にあるNTT仙台運動場。最高気温は6度。正午に14メートルと計測された北西の風は、朝から夕方まで止むことがなかった。風速1メートルにつき、体感温度は1度下がるという法則に従えば、この日のグラウンドは零下10度近い寒さだったことになる。冷蔵庫どころか、冷凍庫と呼んだほうが近い。

東日本リーグへのチャレンジリーグ進出決定戦。清水建設から移行したブルーシャークスと、新日鉄釜石を母体に発足した釜石シーウェイブス。今季からクラブ化した両チームは3週間前のいわきに続き、再び対戦した。勝てば昇格をかけたチャレンジリーグ進出が決まり、負ければそこでシーズン終了。新たなスタートを切ったとはいえ、クラブの財政基盤も確かとは言えない両チームにとって、まさしく崖っぷちの戦い。極限の寒さと強風というコンディションは、そんな試合に似合いの舞台装置に思えた。

チャレンジリーグ進出4チームを決める予備戦は、複雑な方式で行われた。東日本の下部にあたる関東社会人リーグは、1部がAB2つのブロックで行われ、各4位までが予備戦へ。12月第1週の1次予備戦では双方の3位と4位がたすき掛けで対戦。A3位の栗田工業がB4位の習志野自衛隊を、A4位の釜石がB3位のNTT東日本を、それぞれ破って決定戦に進んだ。翌週の進出決定戦は、まず8日、両ブロックの2位が東北・北海道地区の代表と対戦。A2位の東京ガスがNTT－ME東北を、B2位の明治生命は東北電力を撃破。そして9日、釜石はA1位のブルーシャークスと、栗田工業はB1位の日本IBMと対戦した。

この方式には「1位より2位がオイシイんじゃないか」という疑問の声もあった。ブルーシャークスにいたっては、リーグ戦で優勝したにもかかわらず、決定戦では事実上のアウェー試合を強いられたのだ。

「でも、僕らが何か言ってどうなるもんでもない」。試合前、ブルーシャークスの山本昇アドバイザーは言い切った。「それより、釜石とこんな短期間に2回も戦えることが幸せですよ」

加藤尋久コーチも言った。

「僕が選手に言ったのは『仙台という初めての土地で試合できることを楽しみましょう』ということだけです」

寒さも風も、負けたら終わりの重圧も、丸ごと受け入れてしまえ。試合を構成するすべての要素を、自分たちがエンジョイする対象にしよう。そんな加藤の意志が浸透していたブルーシャークスに対し、寒さが味方になるはずの釜石は、そうは見えなかった。

チームに不安を与えていたのは、クラブ化元年のチームを先頭で引っ張ってきた池村章宏主将の不在だった。11月18日にいわきで行われた前回対戦の際、池村は左膝靭帯の部分断裂という重傷を負った。「最初はチャレンジリーグから出るつもりだったけど、そうも言ってられない」と試合に備えた池村だったが、膝は思うように回復せず、結局は断念。この予備戦では川上淳《あつし》が背番号9をつけ、前週は、コーチのピーター・スラッタリーが急遽リザーブ入り。そしてこの日の控えには、今季公式戦出場ゼロながら、高校時代にスクラムハーフ経験のあるセンター阿部義人《よしひと》が指名されていた。

試合に臨む意識の差。それは、両チームの選手がフィールドに出たときの姿に象徴されていた。

本来は青のジャージーながら「釜石は青の1セットしかないため」先月に続いてオレンジの第2ジャージーで登場したブルーシャークスの面々は、ウォームアップのためにグラウンドに出ると、誰に命じられるでもなくボールを高く放り上げ、風の影響を各自が判断していた。一方の釜石は、静かに全体でのウォームアップを始めた。無論、内に秘めた闘志は激しかったに違いないのだが。

午後1時。桜岡将博レフェリーの笛で試合は始まった。釜石キックオフのオフサイドで組まれたファーストスクラム。釜石エイトが猛然とオレンジを押し込み、いきなりコラプシングを勝ち取る。2分、正面30メートルあまりのPGを釜石スタンドオフのタイロンが狙うが、意識して低く強く蹴ったボールさえ横なぐりの風に遠く流された。

先制したのは釜石だった。9分、自陣のスクラムから球を出そうとしたスクラムハーフ川上が捕まり、相手ディフェンスがかぶった逆を衝いてセンター細川進がロングゲイン。フランカーのカッタンスがつないだラックでPKを得るとすぐ攻め、ウイング真野篤司が左隅へトライ。釜石は23分にもプロップ高橋竜次の突進からトライチャンスをつかむが、ラストパスが通らず逸機。

ここで攻守は反転した。30分、東芝府中から戦力外通告を受けたセンター関根慶の突進で攻め込んだブルーシャークスは、オックスフォード出身で日本抗体研究所に勤務するフランカーのリチャード・ヒスリップが密集サイドをスルリと抜けてポスト下にトライ。チャンスを点に結びつけられなかったシーウェイブスと、きっちり取ったブルーシャークス。そのどちらも、起点を今季のクラブ化で加わった社員外選手がつくっていたのは、今季の両チームを象徴していたように思えた。ハーフタイム直前にスタンドオフ高橋修明《のぶあき》がPGを加え、10対5で折り返したブルーシャークスは、後半10分に釜石ノックオンから関根が30メートル独走トライ。14分にはゴール前ラインアウトからモールを押し込み、ロックで途中出場の高橋一聡がトライ。社外選手3人のトライで、ブルーシャークスは22対5までリードを広げた。予想外に多いブルーシャークスのサポーターが、白い応援旗を振って歓声をあげる。

釜石のリードをブルーシャークスが追った3週間前とは対照的な展開になった20分。釜石はＰＫの速攻から再び真野が飛び込んで反撃開始。スタンドオフのタイロンに替えて森闘志也、フランカー小田島康人に替えてジョン・スタッフォードを投入した釜石は、ＦＷが押しまくって攻め立てる。だが、地上戦を貫く釜石にゴールラインは遠く、釜石のノーキックを見切って前に出てくるブルーシャークスのディフェンスの中、ノーミスでアタックを仕上げる精度も必殺サインもなかった。「フルバックの横あいてるぞ!」。観客からは、もはや恒例になったような悲鳴と助言が飛ぶ。

時計は着々と進む。危機感が極まった釜石の攻撃レベルは、このとき確かに上がった。フルバック篠原洋介が、センター津嶋俊一が迷いなくディフェンスの隙間を突き進み、捕まる瞬間にはロック桜庭吉彦がオーバーを完了。プロップ青山敦司が、ナンバーエイト三浦智拓が短いパスを正確につなぐ。釜石にとって、今季見せた中で最高だったかもしれないアタックが繰り返される。自陣ゴール前のターンオーバー*からカッタンス、真野が独走し、38分、ゴール前のＰＫから突き進んだ高橋竜がポスト下に転がり込んだ。津嶋がすぐにドロップでゴールを蹴り込む。５点差。トライ数はすでに３対３。ラストプレーでトライを決めさえすれば、引き分けでもチャレンジリーグ出場権は転がり込む。

だが、それまでだった。自陣から津嶋が持ち込んだラックがパイルアップ*となり、桜岡レフリーの長い笛が、冷たい空気を貫いた。

「残念だよね」。ブルーシャークスのウイングで出場しながら途中退場したガーナ・ダウ

＊ターンオーバー＝ボールの所有権が移ること。
＊パイルアップ＝ボールの上に選手が折り重なり、プレーできない状態。

リングが、捻挫した足首を氷で冷やしながら言った。「カマイシはすごくいいチーム。ここで終わっちゃうのはすごく残念だよ……」。視線の先では、勝利の余韻にも浸らずにクールダウンを繰り返すオレンジのジャージーを避けるように、青いジャージーが引き上げていく。

釜石の高橋監督が、大きな体から小さな声を絞り出す。「止めたはずのタックルを外されて、すべてが狂った……理由はまだわかりません」

「最後は意地を見せてくれたけど、時間が足りなかった」。国峰淳部長はそう言うと「去年はキャメロン（ピサー）がいた。今年は全体の底上げはできたけど、切り札がいなかったのかな……、来年は（新日鉄も）これまで以上に応援しないといけませんね」と唇を噛んだ。

冷たい風は、まだ吹き荒れていた。

◆思惑通りにいかなかった2001年シーズン

クラブ化1年目のシーズンは、あっけなく幕を閉じた。

事務手続き。時間の不足。マンパワーの不足……クラブ化に伴って生じたさまざまな要因が影を落としていた一方で、ラグビーそのものの脆弱さも明らかだった。

シーズン終了後、高橋善幸監督は退任を表明。あわせてヘッドコーチのピーター・スラッタリーも退任。外国人選手も、1年前の秩父宮ラグビー場、三菱重工相模原戦で「あの」ゴールキックを外したナンバーエイトのジョン・スタッフォードはじめ、1年限りの在籍となったフランカーのショーン・カッタンス、スタンドオフのタイロン・マンドルージアック、出場ゼロに終わったパーク・ブレアが揃って退団。新日鉄の社員選手からも、35歳のロック桜庭吉彦、32歳のフランカー阿部佳知巳というキャプテン経験者が引退したほか、24歳のフッカー伊藤光司、22歳のセンター阿部義人のような、将来を期待された若手もチームを離れてしまった。

前年、釜石を破って東日本リーグに昇格した三菱重工相模原は、初戦のサントリー戦に0対127、最後のセコム戦にも15対103の大敗を喫するなど、初めて経験する東日本の壁に苦しみ7戦全敗。勢いは戻らず、入れ替え戦にあたるチャレンジシリーズでも5戦全敗に終わり、わずか1年で降格。元神戸製鋼の大西一平ヘッドコーチが率いる日本IBMが、三菱重工相模原に代わって東日本リーグに初昇格を果たした。

釜石を破り、東日本社会人リーグ昇格をかけたチャレンジシリーズに進んだブルーシャークスは、三菱重工相模原を破ったものの1勝4敗に終わり、こちらも昇格はならなかった。

【2001年度公式戦戦績】

《関東社会人リーグ1部A》

9月9日　○106対0警視庁（釜石市陸上競技場＝松倉グラウンド）

9月22日　●18対37栗田工業（秋田八橋ラグビー場）

9月30日　○44対19日本航空（北上総合運動公園陸上競技場）

10月7日　○124対3大塚刷毛（盛岡南公園球技場）

10月28日　○140対3東芝青梅（群馬県営前橋ラグビー場）

11月10日　○30対26東京ガス（秩父宮ラグビー場）

11月18日　●23対29ブルーシャークス（いわきグリーンフィールド）

総合成績　5勝2敗　4位

《チャレンジシリーズ予備戦》

12月2日　○26対20NTT東日本（1部B3位）（NTT東大和）

12月9日　●17対22ブルーシャークス（1部A1位）（名取・NTT仙台グラウンド）

撮影：井田新輔

―闘将加わり上昇気流

第2章 決意——

クラブ化元年を不本意な成績で終えたシーウェイブスだったが、2年目は桜庭吉彦ヘッドコーチが就任。釜石再建を託された元日本代表ロックが最初に着手したのは、チームの精神的支柱となる新しい選手を呼び寄せることだった。その選手とは——。

現役復帰も——アンガス、東芝府中ヘッドコーチを退任［2002年2月］

「アンガスです」

受話機の向こうで、独特のアクセントが響いた。

「この間のインタビューについて、もう少しお話ししたいことがあります。時間を取っていただけますか?」

アンガス。つまり、東芝府中のヘッドコーチだったアンドリュー・ファーガス・マコーミックに、2年間のコーチ生活と今後についてを尋ねた取材から4日が過ぎていた。そのインタビューは2時間半にもおよんだ。仕事を終えた解放感からか、アンガスはまったく屈託なく、初めて経験したコーチ生活と9年間の日本生活を振り返り、第二の人生のビジョンを話してくれた。長いインタビューを終えたとき、アンガスは「話したいことは全部話したよ」と言いたげな、すっきりした顔をしていた。なのに、わざわざ連絡して、改めて会いたいとは、いったいどんな話なのだろう——。そんな疑問を抱いて待ち合わせ場所に向かった記者は、「わざわざスイマセン」という挨拶に続けてアンガスが発した言葉に、いきなり脳天を打たれた。

「日本に残ってプレーしたい気持ちが出てきました。だから、自分の気持ちと違う記事になってはいけないと思って、電話したんです」

プレーヤーに戻る？　目を丸くしていたに違いない記者は、思わずそう聞き返していた。本当に？

「まだわかりません。もう少し相談したい人もいるし、子どもの学校のことも考えないといけないから。だから、どこのチームでやれるかも、まだ言える段階じゃないんです」

慎重に言葉を選んで話す『赤鬼』の表情は、その言葉とは裏腹に輝いていた。2年間のヘッドコーチ時代は、見ることのできなかった底抜けの笑みが、白い肌の下に透けて見えた。引退とコーチ就任を発表した2年前「50歳までプレーしたいと思っていたけれど、これがチームのためなら、引き受けるのがベストという結論を出しました」と話したときの硬かった表情とは対照的だった。

だが――。現役に復帰するというのなら、聞かねばならないことがある。2年間のブランクは大丈夫なのか。35歳になった肉体の回復力は。

「問題ない。2年前よりも、私はたぶんいい選手になっていると思うんです。なぜなら、この2年間で凄くラグビーを勉強しましたから。ビデオもたくさん見たし、ラグビーの細かい技術、戦略、分析、スカウティングも研究した。前は全然知らなかったことを、たくさん知りました。

それと、前は考えていなかったコーチの気持ちや立場、何を考えているのかが今はよく分かる。コーチと選手のパイプ役になれると思う。

そして、今はプレーに対してとてもハングリーになっている。2年かけて身体をオーバーホールしたから、凄くリフレッシュしているんです。（東芝府中での現役最後となった）1999年は前のシーズンからずっとジャパンの活動があって疲れていた。神戸製鋼に負けた準々決勝も、あまりいいパフォーマンスはできなかった。だから次の年はジャパンを引退して、東芝府中に専念してプレー生活を終わらせるつもりだったんです。だけど、急にコーチの話が来て、僕のキャリアは中途半端に終わっていた。今回、本当に東芝を離れることになって、改めてプレーヤーに戻りたい自分に気付いたんです」

もう一度アンガスがピッチに立つかもしれない――。聞いているこちらも、身体が熱くなるのを感じた。


アンガスは92年に来日。公式戦出場資格を得た93年から引退する99年まで、東芝府中の公式戦に欠場したのはわずか1試合（「98年のワールドカップ予選の後で、僕は出ると言ったけど向井サン*が休ませてくれた」とアンガス）。7シーズン中6シーズンを皆勤するなど85試合に出場し、主将を務めた96年から日本選手権3連覇を達成。日本代表でもテス

＊向井昭吾＝東芝府中を日本選手権3連覇（96〜98年度）に導いた監督。03年W杯では日本代表の監督を務めた。現・コカ・コーラウエスト監督。

トマッチ25試合（うち主将として16試合）を含む32試合に桜のジャージーを着て猛タックルを見舞い続けた。99年ワールドカップには、日本代表で初めての外国人主将として出場した。歴代43人の日本代表主将のうち、3テスト以上を率いて勝ち越しているのはアンガスだけだ（10勝6敗）。父ファギー、祖父ジェームズがともにオールブラックで、8歳のときからキャプテンのキャリアを積んできた筋金入りのスキッパーは、日本のラグビー界に本当のキャプテンシーを身をもって披露し、チームに栄光を運んだ。

だが、ヘッドコーチとしての2年間は結果を残せなかった。

東日本リーグでは2シーズンともに3勝4敗。全国大会も1年目は初戦で関西リーグ4位の近鉄に敗れ、2年目は2回戦でサントリーに59対15の大敗。そして、日本選手権が行われているさなかの1月21日、東芝府中のヘッドコーチを退くことが発表された。

「難しかったね」。コーチ生活の感想を尋ねると、アンガスは答えた。

「コーチングは難しい仕事だとはわかっていたけれど、思っていたよりもずっと難しかった。これは選手にはわからないと思う。僕にとってはすごくいい経験になったけれど、ヒジョーに難しかった。

自分が教えたことを、選手が試合でできると本当に嬉しい。それが今年はたまにあった。去年は全然（笑）。でも振り返ると、最初の年は僕自身、やりたいこと自体がなかったんだと思う。それなのに『どうしてこんなカンタンなことができないの？』と思うこともあったネ……」

先ごろ、サントリーの指導で来日したオーストラリア代表監督のエディ・ジョーンズに、アンガスは尋ねた。「コーチングは、いつごろ楽しくなりますか?」。元日本代表アシスタントコーチでもあるワラビーズ監督は「僕はコーチングは好きだけど、15年くらいの経験は必要なんじゃないかな」と答えたそうだ。

「今振り返ると、最初はプレーイングコーチでも良かったかなと思う。たまに選手の中に入って教えたときは、外から教えるよりもずっとカンタンだった。もちろん、監督の仕事はたくさんあるから、選手をしながらというのは難しいんだけど。

ただ、大事なのは東芝のこれからのことです。僕が結果を出せなかった、じゃあまた新しい人がイチから勉強します、これじゃダメ。いつも3年、5年先を考えていかないと。東芝は3連覇のころ、次のコーチを育ててなかったし、選手の補強も少なくて、向井サンとコーチの長瀬（衛）サンがチームを離れたらすぐ勝てなくなった。この2年間は結果は出なかったけれど、アシスタントコーチで*薫田《くんだ》（真広《まさひろ》）と*瀬川（智広）が経験を積んだし、スカウトでも木暮（明）サンが頑張ってくれた。いつかトップに立つチームになるための組織はつくれたと思います」

コーチを退いたのは「最初から2年間と決めていたから」。

日本で出会ったブラジル出身のカシア夫人との間には、98年3月に長男トマスが、20

＊薫田真広＝93～95年の日本代表主将を務めたフッカー。02年から東芝府中（現・東芝）監督としてトップリーグ、日本選手権など8タイトルを獲得した。
＊瀬川智広＝アンガス、薫田監督時代のコーチ、07年度から東芝監督。

01年9月には長女イザベラが生まれた。長男が学齢に達するまでには英語圏に生活の基盤を移すのが、以前からの将来設計だった。「日本でプレーヤーに戻る気はないの?」と質問したときも、拍子抜けするほどあっさりと否定した。

それから、記者は日本でのベストメモリーを尋ねた。アンガスは「たくさんありすぎて、話したらオールナイトになる」と笑って、「日本にはまた来ます。そのためのビジネスを始めるんです」と言った。

「インターナショナル・ラグビー・アカデミー」。オールブラックスのフィッツパトリック元主将やメインズ元監督らラグビー王国の猛者が集い、世界の有望な選手や指導者たちに英才教育を施すエリートスクールが4月、ニュージーランドで開校する。アンガスは、世界を飛び回ってここへの受講者を募る仕事が内定していた。日本はもちろんのこと、パシフィックリムで何度も対戦したアメリカ、カナダとの人脈は、ラグビー王国ニュージーランドの英雄たちにはない貴重な財産だ。

「この仕事を選んだのも、日本とのつながりを持ち続けられるからです。日本の選手や、特にコーチにとってはすごくいいと思う。日本ラグビーのレベルアップに役立てるのは、僕の大きな喜びなんです」

だがアンガスはそう話した直後に、日本ラグビー界とのつながりを、もっと濃密に持ち続けられる方法につき当たるのだった。

始まりは妻カシアの一言だった。今日選手に戻る気はないかと聞かれて、ないと答えたよ。軽い調子で報告すると、妻は、あなた、本当はプレーしたいんじゃないの？ と聞き返してきた。この2年間、プレーヤーに戻りたい気持ちを抑えている夫の姿を、最も間近で見てきたからに違いない。

「僕は東芝のアンガスだから」。最初はそう考えて感情に蓋をしていたが、妻の一言は胸の内の大きなダムにヒビを入れ、水は間もなく奔流となって流れ始めた。35歳。あと1年経ったら、トップレベルの戦場に戻る機会は二度とないだろう——。

「チャンスがあるのなら、それはつかまなきゃいけない。そうでしょ？」

それは、自分に言い聞かせる言葉に聞こえた。

3月9日には、慣れ親しんだ東芝府中グラウンドでの送別試合が行われ、11日にはいったん帰国する。だがニュージーランドでは、「前に東芝にも来たイアン・マラードさんがクルセーダーズのコルツで監督をしてるから、そこで一緒に練習させてもらうつもり」。その言葉には、再びピッチに立つ夢への執着さえ垣間見える。

「ずっと本格的なコンタクトをしていないから、まずタフな身体に戻さないといけない。でも、コーチ時代もトレーニングは続けてたし、ストレッチも若いころよりしっかりやっていて、身体のメカニズムも勉強して前より身体が柔らかくなっている。食べ物も考えて摂るようになった。2年間勉強したことを、自分に活かせるのはとてもおもしろいと思うんだ」

挑戦は未来を保証しない。かつての栄光を失うリスクもある。だが、そんなことは考えず、アンガスはプレーできる場を求めようとしていた。

草木の芽吹く4月。35歳のチャレンジャーは、列島のどこかのピッチでボールを追っているだろうか。

アンガス、東芝府中ヘッドコーチ退任「4月にまた日本で」［2002年3月］

3月9日。東京都府中市の東芝府中グラウンドに、懐かしい顔ぶれが集結した。1992年に来日し、キャプテンとして日本選手権3連覇の黄金時代を東芝府中にもたらし、日本代表でも99年の第4回ワールドカップで主将を務めたアンドリュー・マコーミックと今季で引退する選手の送別ＯＢ戦だった。

20分ハーフ入れ替え自由という試合に、アンガスは、今となっては懐かしささえ覚えてしまう青いジャージーで登場。いきなり先制トライを挙げるなど2トライの活躍で、噂される現役復帰も十分可能なことをアピール。今季で引退するウイング森田栄一郎も右タッチライン際をギリギリですり抜けるというお馴染みの鮮やかトライを決めてみせた。ナンバーエイト小野真司、フランカー高木利幸、ロック安田桂らもプレーしたほか、Ｖ１の96年度を最後に引退したウイングのディーン・サドラーも登場。アンガスにとっては日本でのナビゲーター役だっただけに、「プレーするのは5年ぶりかな。身体が痛いよ」と言いながらも相変わらずのフィジカルなプレーをみせた。

対戦相手は、2年前までのセカンドだった白黒赤の3色ジャージーで登場。U19日本代表コーチのフランカー梶原宏之、２００2年の新監督に就任したフッカー薫田真広というジャパンでもお馴染みの両雄が顔を揃えたほか、引退するスタンドオフ大鷲紀幸、6年間にわたってチームを支えた菊池博主務も登場。スカウトとして全国を駆け回る木暮明・渉外担当と、新旧の名マネージャーコンビを結成してボールを追った。

「いつも味方だったヒトたちが今日は敵に回ったからおもしろかったよ」と笑顔で話したアンガスは、試合が終わると、グラウンドの周りを幾重にも囲んだ数百人のファン、選手の家族、関係者たちからサイン・写真・握手攻め。その時間はこの日の試合時間の数倍におよんだ。「僕自身はフィットネスが足りないのを感じたけれど、ラグビーをプレーする楽しさを久しぶりで味わえたのが嬉しかった。カントクのときは自分がプレーすることはまったく考えないようにしていたからね」と汗を拭いつつ、「ボールを持って走るのは楽しいね。ディフェンスやるのも楽しい」と、ラグビーの楽しさを改めて感じた様子。

気になるのは今後だが、先日のインタビューで「現役に復帰したい気持ちが出てきた」という意思を表明した後、いくつかの社会人チームから移籍の打診があった模様。取り囲んだファンからその質問を浴びると、「まだどこのチームでやるとは言えないけれど、4

月になったらまた日本に戻ってきたいと思っています」と笑顔で応じていた。

グラウンドには現役部員のほか、ヤマハスクラムハーフ村田、日本代表向井監督の大物ジャパン組の姿も。向井監督に、ジャパンで使えそうな選手はいましたか？　と聞くと、「反町の体重。アレを使うサインがあったらおもしろいかも」と、公称110キロあった現役時代より大きく見えた巨漢プロップに白羽の矢（！）。試合後は選手、OB、家族、関係者が勢揃いして盛大なパーティを開き、アンガスと引退選手の新たな門出を祝った。

アンガスの新天地は釜石に！［2002年4月］

東芝府中を退社し、去就が注目されていた元日本代表主将アンドリュー・マコーミックが3月31日、釜石シーウェイブス入りを発表した。

発端は2月3日の日本選手権決勝を前に行われたキャップ授与式で、釜石の桜庭新ヘッドコーチから「釜石に来てくれないか」と誘われたこと。当日は真に受けなかったアンガスだったが、桜庭ヘッドコーチは諦めず「アンガスのファイティングスピリットが釜石に欲しいんだ」と執拗な電話攻勢。アンガス自身も、口説かれるうちに現役復帰への思いが強まり、最終的には3月にニュージーランドへ一時帰国していたときに決断したそうだ。

決断の理由をアンガスに聞く。

「まず、日本のラグビーにこれからもかかわっていけること。キャップ授与式の挨拶でお話ししたように、私は日本の心を持っています。日本のラグビーでプレーできることは私にとって喜びなんです。

次に、釜石には素晴らしい歴史があって、もう一度東日本リーグに戻ろうという強い気持ちを持っているチームです。それに今はクラブの組織づくりに取り組んでいて、ニュージーランドのようにシニア、シニアB、ジュニアというシステムをつくろうとしている。私のニュージーランドでの経験で、サポートできる部分があると思いました。

そして、これがプレーヤーとしてのラストチャンスだったことです。チャンスがあるなら、それはつかまないといけない。そうでしょう?」

そうと決めれば、すべてをプラスに考えるのが勝負の世界に生きてきた男である。懸案だった長男の教育も「幼稚園に通いながら、週1回は英語の家庭教師についてもらうから問題ない。それに、田舎の人は純粋だから僕と家族にとってはハッピーな環境でしょう。僕もニュージーランドではもっと田舎の町に住んでたけど、チャンピオンシップを狙っていたよ。冬の寒さ? でも夏はイイじゃない」

「桜庭サンも初めての監督だし、彼の気持ちがよくわかると思う。うまくサポートできると思うんだ」

「シーウェイブスって名前? 僕は名前で選んだわけじゃないから……でも、サーファーは波がくることを〝ウェイブズ〟と動詞で使うし、悪い英語じゃない。〝来るぞ来るぞ〟

というイメージかな。オリジナリティのある名前だと思うよ」
4月1日には松倉グラウンドでの練習に合流。桜庭ヘッドコーチのもと、春の走り込みは「去年までの倍以上」との声も聞こえてくるニュー釜石。アンガスのデビューは5月19日に行われる紅白戦の予定だ。クラブ化2年目の釜石は、昨季以上に目が離せない存在になる。

名門・釜石に救世主！ 闘将マコーミック35歳。復帰を決意した理由［2002年5月］

碧《あお》い目の闘将は、北の町で芝を駆けていた。企業スポーツの枠を離れてクラブ化した昨季、関東社会人リーグ1部4位に終わり、東日本リーグ復帰の目標を断たれた釜石シーウェイブス。かつての栄光から遙かに遠ざかった北の名門に、今春加わったのが、日本代表の主将としてジャパンを数々の勝利に導いたアンドリュー・マコーミックだ。東芝府中での2年間のヘッドコーチ生活を経ての現役復帰。2年間のブランク、35歳の年齢を考えれば、無謀な挑戦にも思えるが……。「チャンスがあるならつかまなくちゃいけない。そうでしょ？」。アンガスは屈託なく笑った。

2月に秩父宮で行われた日本代表キャップ授与式の際、釜石の桜庭吉彦新ヘッドコーチから初めて打診を受けたときは、ジョークとして聞き流した。2年前の東芝ヘッドコーチ就任時から今春の帰国は決めていた。4月からのニュージーランドでの仕事も内定していた。だが、帰宅して現役復帰のオファーを断ったとカシア夫人に告げると、思わぬ反応が返ってきた。「あなた、本当はプレーしたいんじゃない？」

2年前の引退は突然だった。「50歳までプレーするつもりだったけど、チームのためにベストと判断しました」。コーチ就任会見での言葉には、諦観《ていかん》さえにじんでいた。そして一年目は全国大会初戦敗退、翌年もベスト8止まりの不振に終わる。コーチ辞任、ニュージーランド帰国が発表されたとき、多くの目はその人事を「引責」あるいは「解任」と見ただろう。だが、アンガスにはまたチャンスが巡ってきた。妻に背中を押されてのカムバック。「まだフィットネスは完全じゃない。釜石の練習に合流した日は、みんなが走るのについていけなくて悔しかった」。それでも口調は楽しげだ。「どんな状態でも試合はやれるし、秋の本番までにはフィットネスは十分戻せる。2年間ラグビーを勉強したから、自分のオプションも増えてる。前よりいい選手になったと思うよ」

中年ラグビー野郎の怪気炎はアンガスだけではない。3年前にサントリーを引退した元日本代表センター今駒憲二は37歳の今季、後輩の今泉清率いる関東社会人2部のサントリーフーズでカムバック。引退を噂された33歳のサントリープロップ中村直人も「また3番を着るつもりで」現役続行を宣言した。

ワールドカップ・アジア予選は6月16日、国立競技場の韓国戦で火蓋を切る。かつての桜戦士たちも、それぞれの戦いを始めている。

再建への絆――桜庭吉彦&アンドリュー・マコーミック　インタビュー〔2002年5月〕

新たに釜石に加わったアンドリュー・マコーミックは1967年2月生まれ。新たに釜石のヘッドコーチになった桜庭吉彦は1966年9月生まれ。つまり『同学年』で、02年度が始まる時点ではともに35歳だった。

鉄人がジャージーを脱いだ。

新しい鉄人が来た。

そして、鉄人が迎えた。

ジャージーを脱いだのは桜庭吉彦だ。V7達成直後の1985年4月に釜石製鉄所の門を叩き、86年に初めて桜のエンブレムをつけてから99年ワールドカップまで足かけ14年。キャップ数は歴代4位の43。非キャップ対象試合も含めた日本代表総出場数（日本代表スコッドによる日本選抜も含む）は、史上最多の108試合。宙を飛んでボールをつかみ、黙々と地を這って味方をオーバーし、BKの俊足ランナーにいくつものトライを決めさせてきた寡黙なロックは、チームがクラブ化して釜石シーウェイブスと名を変えたシーズンを最後に現役プレーヤーとしての生活にピリオドを打った。

桜庭が退いたピッチに新たに降り立ったのは、アンドリュー・ファーガス・マコーミック。父と祖父がともにオールブラックというサラブレッドながら日本に新天地を求め、96年度から東芝府中を日本選手権3連覇に導き、日本代表で初めての外国人キャプテンにも就任。99年のシーズンを最後に現役を退いて東芝府中のヘッドコーチを務めたが、ニュージーランドへの帰国を決意していた今年3月、釜石からの熱いオファーを受け、2年のブランクにもかかわらず再びジャージーを着た。

そのアンガスを迎えた指揮官は、ジャージーを脱いだばかりの桜庭だった。試合がどんな局面にあっても休むことなく走り、働き続けたロックは、釜石再建に向けて今季からヘッドコーチに就任していた。やはり、休むことを知らない。

新しいシーズンが始まって1カ月が過ぎた5月10日。多くのテストマッチをともに戦い、国内ではしのぎを削った35歳の鉄人2人を釜石に訪ね、引退、復帰、コーチ就任と新しいシーズンを語り合ってもらった。

――まず、桜庭コーチの初仕事となったアンガス復帰について。ラグビー関係者を驚かせた釜石入りの真相を聞かせてください。

桜庭　日本選手権決勝の日に秩父宮で行われたキャップ授与式のとき、雑談の中で「ニュージーランドに帰るの？　ウチも新しい外国人選手を探してるんだけどな」と話したのが最初だね。そのときは「帰ります」と即答だった。

アンガス　冗談だと思ったよ。でもその後でまじめなオファーがあって、もう一度考えました。子どもの教育や将来の仕事も考えて、最初は断ったけど、最後は家族が勧めてくれたから……でも、決断するまでは長い1カ月だった。結論を出したのは、3月にニュージーランドへ帰国しているとき。

桜庭　でも僕は、正式にオファーしたときにアンガスのやる気を感じていたんだ。まさにテストマッチの前みたいに、ワーッと闘志が湧き出てるのを感じた。ビジネスの調整さえつけば、来てくれると信じていた。

――アンガスのブランクは気にならなかった？

桜庭　正直言うと、ちょっと顔もふっくらして見えたし、2年前のコンディションとは違ったかなと。でも、本人が「やる」と言えば、戻るまで時間はかからないと思ったなあ。

アンガス　最低でも引退する前と同じレベルのパフォーマンスをしないと、カムバックして釜石に行く意味はないからね。それはすごく考えた。でも2年間リフレッシュしたからやる気はすごくあったんだ。それに、何よりもプレーヤーとしてやれることは幸せだからね。

桜庭　僕は釜石にはアンガスのラグビーに取り組む姿勢が必要だと思ったんです。これまでの経験、ノウハウも伝えてほしいし、何よりもファイトする姿勢。

アンガス　自分に求められていることに関しては自信があります。あと考えたのは家族のこと。今年ニュージーランドに帰ることは、東芝府中のヘッドコーチになった2年前から決めていたから。でも、カシア（夫人）が「もう一度（プレーヤーを）やったら？」と言ってくれた。そう考えると、私たち家族にとっても釜石は合う土地じゃないかな、と思ったんです。

桜庭　子どもを育てるには、ある意味いい環境だからね。自然はクマが出るくらいいっぱいあるから。雨でグラウンドを使えないときに山道を走りに行くと「このへんはゼッタイにクマが出るな」と思うもん。

アンガス　それ、速く走らせようとして言ってるでしょ（笑）。でもホント、この間、子どもとグラウンドの横の川（甲子川）で遊んだら、最後は「まだ帰りたくない」と泣いちゃったくらい、子どもには楽しいところ。

釜石って（故郷の）クライストチャーチとすごく似てるんだ。（観光名所の）観音様から見た港の景色が、クライストチャーチのリトルトンっていう港とそっくり。でも、真冬になったらクライストチャーチよりも寒くなるんだろうな。

桜庭　いい季節《とき》に来てくれたよね。これからだんだん厳しさが……。

アンガス　キツい練習はもうやってるじゃない。

桜庭　そんなそんな。まだまだサワリですよ。

――初練習の日はいかがでしたか？

桜庭　大変だったでしょ。

アンガス　ちょっとショックだった……なぜなら、ウエイトトレーニングをやってから走るフィットネスの練習だったけど、みんな凄いタフ。ウエイトも凄く重いのを平気で上げるし、外に出ても元気で走る。以前の僕はいつもトップで走るほうだったけど、一番後ろになってしまった。あれは凄く悔しかった。

桜庭　でも、最後まで諦めないところがアンガスの凄いところだよね。最後は前のほうに上がっていったもの。

アンガス　そう。あれは少しだけ嬉しかった。

桜庭　体力もこの1カ月でだいぶ戻ったよね。

アンガス　トレーニングの環境がいいと思う。おとといの夜かな？　クルマでもチェーンを使わないと登れないような急な坂道をスプリントしたのは。アレ何本やったかな？

桜庭　１５０メートルを10本だったね。

アンガス　灯りもなくて、上と下からクルマのライトで照らしてね。でも、そういうのは逆におもしろいと思う。毎回同じじゃなく、練習のバリエーションをつけられる。

桜庭　カエルの声が凄かった。

アンガス　真っ暗で、帰るときは怖かった（笑）。でも練習の後は楽しいよ。

桜庭　来たばかりのころは、やるだけで精一杯って感じだったけど……。

アンガス　慣れたよ。3月と比べたら3キロ減ったもん。

——桜庭コーチは練習量をかなり増やしていると選手に聞きましたが。
桜庭　まあ、増やしてますね。量も、バリエーションも、内容も。
アンガス　ラバさんはゼッタイにフィットネスに厳しいと思ってた。だって選手のとき、すごいフィットネスが高かったから。コーチになってもそれを忘れるわけがない。それを実際にやるのが私たち選手の責任。
桜庭　そういう考え方が出てくるのも、ヘッドコーチを経験したからでしょうね。コーチとしては非常に助けてもらってます。ただ、釜石の選手も大人になってきたと思いますね。自分で練習に取り組む時間も長くなってるし、自分たちでラグビーを考えていく姿勢が出てきている。
アンガス　釜石の選手ってケガが少ないよね。僕の経験では、東芝とジャパンはテーピングを巻いている選手が凄く多い。釜石では今、森（闘志也＝センター）が肩に巻いてるだけかな。これだけタフな選手が揃ってたらゼッタイおもしろいよオ。
桜庭　まさに、フィットネスを僕らの武器にしたいと考えてるんだ。やりたいのはスピードラグビー。これは釜石だけでなく、向井さんがジャパンでやってることとも通じるし、日本人の特性にもマッチしていると思う。
——選手に走らせている量は去年の何倍ですか？
桜庭　うーん、まあ、2倍くらいかな……まだまだですよ。

——桜庭さんはコーチとして充実しているようですが、改めて、引退を決意した理由を聞かせてください。

桜庭　ヘッドコーチの打診があって、引き受けようと思った時点で決めましたね。やるんだったらコーチ一本でやりたいと。まあ、40歳まで（現役を）できそうだったし、最初はある程度悩みました。でも決めてからはスッキリしたもんですよ。選手としてやり残したことはいっぱいあるけれど、欲を言ったらキリがないですから。

——前監督の高橋善幸さん（現・釜石シーウェイブス事務局長）は、去年まで選手登録を続けてましたが。桜庭さんも……。

桜庭　いや、プレーすることはまったく考えてませんね。今年は1回も練習してない（笑）。気持ちがコーチングに入りきっているんですよ。

選手はかなり自発的にやってくれてると思います。コーチになって最初のミーティングで「やるからには（日本の）トップを目指そうぜ」と言ったときに、みんなも「やりたい」と言ってくれたし。ここ何年かは足下を固める（東日本リーグ残留／復帰）のを目標にしていたかもしれない。当然それも大事なんだけど、高い目標を設定して自分にプレッシャーをかけることも大事ですからね。地方の小さな町からでも日本のトップを目指せるってことを、はっきりと意識したい。

アンガス　僕も13歳まではクライストチャーチじゃなく、リンマークという小さな町に住んでたんだ。ここは人間が200人しかいないんだけど、この20年で8人のオールブラックが出ている。アレックス・ワイリー、ロビー・ディーンズ、リチャード・ロー……そんな町で育ったことも、釜石が僕に合う理由じゃないかな。だから、どこにいてもトップを目指すのはゼッタイ大事。日本の中でも、ここでラグビーをやりたいって集まってくる選手がいるんだし。もちろん凄く頑張ることが必要だけど、ここはラグビーに集中するのは簡単な環境だから。

桜庭　やっぱり外の環境を知っている人間が、改めてここの良さを言ってくれると説得力があるよね。釜石しか知らない人は、なかなかその良さに気づきにくいから。その点でアンガスは選手たちにいい影響を与えてる。みんな、高いモチベーションでやってくれてます。

アンガス　特にセンター陣は凄くいい選手が揃ってるよ。タイチ（川原太一）なんて背が高くて凄い能力を持ってる。これでセンター？と思った。エチ（越前谷大樹）もスピードがあってうまい。それから津嶋（俊一）。彼は来るよ。自分はゼッタイ負けないっていうものを持ってる。

桜庭　津嶋は4月に神戸へ合同練習に行って、帰ってきたらモチベーションが凄く上がっていたね。そこにアンガスも入ってきて、影響を受けてすごく伸びてる。

アンガス　東芝府中のジロー（新里二郎）に似てるかも。熱いし激しいし、ムードメーカーだし。チームにはああいうタイプの選手が必要。

——アンガスの目に、去年までの釜石はどう映っていましたか。

アンガス　うーん、前のことはあまり考えてないな。大事なのは今のことだし、ここに集中すること。だからこれからのことで頭は満杯。チームは新しいコーチでスタートしたばかりだし、僕も新人の一人だから。

——桜庭さんにとって、アンガスとの思い出の試合を挙げるとしたら？

桜庭　僕自身、アンガスから勉強させてもらったことは多々あるけど、印象深いのは98年のパシフィックリムですね。キャプテンになって、なかなか勝てなくて、アンガスもいろいろ悩んでいた。でもアウェー*の香港戦で、鼻を折りながら勝った試合。あれでジャパンも一皮むけたし、僕らも成長した。パシフィックリムのアウェーで勝ったのはあれが初めてだったし、キャプテンシーの重要性を感じた試合でした。

アンガス　最後の20分で逆転したけど、日本代表にはすごく珍しいことだったよね。それまでは60分間競ってても最後にやられてた。凄く暑い日だったし、そこで勝ったことで自信になったよね。その後はアウェーでアメリカにも勝ったし、秩父宮でアルゼンチンにも勝った。ワールドカップ予選の時は、本当に強いチームだと思ったよ。

——アンガスにとっての桜庭さんの思い出は？

アンガス　キャプテンのとき、ラバさんがチームにいると僕は安心できました。すごく信頼できる。必ずやってくれる。ゲームで、誰からも信頼される人だと思います。口数は多

＊98年5月23日、香港で行われたパシフィックリム（日本、香港、米国、カナダの対抗戦）。日本が38-31で逆転勝ちした。

くないけど、ロブ(ゴードン)*にちょっと似てるかな？　第一印象は、逞しいことだったな。日本に来たばかりのころ、試合で腰のあたりに思い切り当たられたことがあった。全然オフサイドだったんだけど。

桜庭　覚えてないなあ……。何回もやってたのかな。

アンガス　凄い痛くて、内出血で何日も真っ黒だった。後で薫田(真広)に「あのロックはいいね」と言ったら「知らないの？　日本代表のロックだよ」と言われた。ああいう厳しいプレーは僕も好きなプレーです。でも、僕に対してするのはノー(笑)。

桜庭　ねちっこくやってましたから。

アンガス　ラバさんだけでなく、釜石はみんな当たりが痛い、身体が大きいという印象がありました。それに、東芝はほとんどの試合を東京でやるけれど、釜石との試合は北上や秋田でやるし、お客さんがウルサイ(笑)。釜石がちょっと攻めただけで凄く盛り上がってタイヘン。あれは日本に来て初めての経験だった。

――さて、再びトップを狙うにあたり、新ヘッドコーチが目指すラグビーのイメージを聞かせてください。

桜庭　ラグビースタイルとは直接関係ないんですが、チームテーマとして掲げたのが闘争心。そして自律です。ラグビー自体のイメージとしては、フィットネスを自分たちの武器にすること。ボールを動かすラグビーをしたいですね。去年まではまったくキックを使わ

*ロブ・ゴードン＝アンガスと同時期にナンバーエイトとして東芝府中、日本代表で活躍。99年W杯出場など日本代表キャップ17、ニュージーランド出身。

なかったけど、自分たちのスピードを活かすためにキックを使うことはあり得ます。こちらからオプションを規制するんじゃなく、選手の能力を最大限出せるようなスタイルを考えています。そもそも、それがラグビーの、スポーツの楽しみですから。もちろん、楽しさの基本は勝つことですが。

アンガスには、2年前のレベルでパフォーマンスしてくれれば何も言うことはないです。アンガスが積み重ねてきた経験は大きな力だし、試合中にアドバイスしてくれることも期待しています。勝負どころでは経験が試合を左右しますからね。でも、一番は戦う姿勢そのもの。

アンガス　自分が必要とされてるときには役に立てると思う。そのタイミングは、経験でわかります。特に池村（章宏）に対しては凄く助けてあげられると思う。彼もキャプテンになってまだ2年目だし、僕の経験を伝えたい。勝つためには試合中もうまくコミュニケーションを取っていきたいと思ってます。

——最後に、今シーズンの抱負を。

桜庭　今年の目標は、上のリーグ*に昇格することです。東日本リーグがどうなるか、日本リーグがいつから始まるか、まだ見えてないじゃないですか。でもそこに入るつもりで。

アンガス　僕は新人だから、まずトップメンバーに入ること。でも簡単じゃない。トライアルマッチでどうなるかもわからないからね。でも秋までには完全に戻してみせるよ。

＊2003年に発足したトップリーグの参入チーム決定方式はこの対談から2カ月後の2002年7月に、名称は同年11月にそれぞれ決定・発表された。

釜石は4月に桜庭以下、池村、プロップ高橋竜次、ロック三浦健博《たけひろ》、スタンドオフ細川進、センター津嶋が神戸製鋼へ、5月には神座義久コーチ、フルバック篠原洋介、金《こん》和則、フランカー京野《きょうの》和也がサントリーへ、それぞれ10日間ほど出向いて練習に参加した。5月26日の慶応大戦（IBC杯＝盛岡）、6月9日の関東学院大戦（釜石ラグビーフェス）の前週には、ともにトライアルマッチも敢行する。主力候補には頂点のレベルを肌で感じさせ、同時に、誰もが同じ土俵でセレクションを争う。そこに、新しいチームが目指す像が自ずと浮かび上がる。

凍てついていた北の町に、また熱い季節が訪れようとしている。

学生王者と対戦して——釜石ラグビーフェスティバル［2002年6月］

桜庭新ヘッドコーチが就任し、現役復帰したアンガスことマコーミックが加入した釜石シーウェイブスが6月8日と9日、地元釜石の松倉グラウンドで第9回釜石ラグビーフェスティバルを開催した。

地域密着型のクラブとして再スタートを切って2年目。同フェスティバルは釜石市が後援する「多世代交流ラグビー大会」を兼ねて実施され、初日の8日は小学生を対象としたタグラグビー教室を開き、翌9日の朝には講習を受けたちびっ子によるタグラグビー大会。続いて釜石シーウェイブスBが船岡自衛隊と、そして釜石シーウェイブスAが関東学院大

恒例のラグビーフェスティバル

子どもにサインするアンガス

とのメインゲームを行った。

目玉は何と言っても、2年ぶりで現役に復帰したマコーミックのプレーだ。今季の釜石にとって15人制の初戦となった5月26日のＩＢＣ杯、慶大との一戦では5対5の前半8分に、相手ゴール前で得たＰＫから突進してプロップ高橋竜次の勝ち越しトライをアシスト。続く28分には再びＰＫから突進して復帰初トライを決めるなど攻守に活躍したが、後半15分で退いていただけに、この日はフル出場が期待された。

まず第1試合で船岡自衛隊と対戦した釜石Ｂは、7トライを献上するディフェンスの課題を残したものの、負傷からの復帰戦で主将を務めたフルバック篠原洋介が4トライを荒稼ぎして格の違いを見せつけるなど、76対49で圧勝。この試合で注目を集めたのは、東北電力の廃部で動向が注目されている7人制日本代表のロック川島（旧姓・藤原）和也だ。この日はクラブならではのゲストメンバーとしての参加だったが、法政大1年生時に大学選手権決勝で逆転決勝トライを決めた192センチの長身とバネ、トライへの嗅覚は29歳の今も健在。ラインアウトで抜群の高さを見せつけただけでなく、開始5分には左ブラインドサイドを走り抜けて先制トライも決めてみせた。

現在は勤務地の秋田から岩手、できれば釜石への転勤希望を職場に出しており、クラブ参加はその結果待ちだが、「釜石のファンの熱さを見られただけでも、ここでやる価値はあるなと感じましたね。選手もみんなプライドを持ってやってるし、自立しているチームだと感じました」と、辞令が待ち遠しい様子。同じ東北電力からゲスト参加したウイング高橋宏助《こうすけ》は、まったく無名の岩手・不来方《こずかた》高出身の25歳だが脚力は抜群。船岡戦の終了間際には自陣深くから80メートル独走の圧巻トライを決めてみせた。昨季はフィニッシャー不足に泣いただけに、本格的なクラブへの参加が待ち遠しい豪脚ランナーだ。

続いて始まったのが、関東学院大とのメインゲーム。この日の釜石は、クボタから移籍したナンバーエイトのトロケがワールドカップ予選のトンガ代表でチームを離れていたほか、スタンドオフ森闘志也、センター川原太一らが負傷で欠場。選手の頭数が不足し、センター津嶋俊一とフランカー京野和也が2試合続けて先発。Bではリザーブで途中出場したプロップ高橋竜次とフッカー河野朗、フランカー小田島康人、センター細川進がAでは先発、さらにリザーブ10人のうち9人がダブルヘッダーという強行軍だった。

このカードは昨年（01年）も、クラブ化後に初めて地元・釜石で行うホームゲームとして実施されたが、釜石はいいところなく完敗。シーズンに入ってもチーム力は思うように上がらず、関東社会人リーグ1部Aで4位に終わっただけに、釜石にとっては学生相手とはいえ、シーズンを占うリベンジ戦ともいえた。

試合は激しい攻防で始まった。控え目な桜庭ヘッドコーチが「例年の2倍以上」と話す走り込みを続けた成果か、接点への集散では大学選手権3連覇を目指す学生チャンピオンを上回る機動力を見せた。外のスペースを抜かれても、昨季は薄かったカバーディフェンスが矢のように戻ってくる。フランカー京野のトライで先制した後の15分と17分には、ともに自陣ゴール前5メートルまで攻め込まれながら真野篤司、アンガスがそれぞれ戻ってタックルを浴びせ、そのままターンオーバー。

同点に追いつかれた後の29分には、昨季の関東リーグ最終戦で膝を痛めて以来の復帰戦となったスクラムハーフ池村章宏主将がゴール前ラックのサイドを潜って勝ち越しトライ。12対14と逆転されて折り返した後半10分には、プロップ高橋竜次の突破を起点に、ロック仲上太一がパワフルに前進。アンガスーナンバーエイト三浦智拓とつないで再逆転のトライを決める。腰痛を患った昨季はわずか2試合しか出場できなかった仲上だが、33歳の今季は15キロもの減量を果たして復活。身体のキレとコンタクトの激しさに目を見張らせた。

ところが、半数以上が2連戦のハードスケジュールを強いられた釜石は徐々に動きが落ち始め、ラインアウトでもマイボールを立て続けにロストするなど試合は暗転。後半16分、アンガスのノーボールタックルで関東学院大に与えたPKから速攻を許し、関東ウイング三宅敬ゲームキャプテンのトライ（関東スタンドオフ入江順和ゴール）で19対21とまた逆転される。そして足が止まった後半20分からは、関東に4トライを献上して、最終スコアは19対49。点数を見れば昨季の17対31さえ上回る大差になった。

アンガスも、本能的なまでに鋭く反応していたかつてのカバーディフェンスを、最後は見せられなくなっていた。本人は「まだ身体は戻りきっていないね」と顔をしかめたが、桜庭ヘッドは「でも、4月の最初の練習を考えたら(アンガスは)すごく良くなってますよ。1500メートル走のタイムも、チームで一番縮めてるくらいですから」と労った。

「課題がはっきりしている分、これから直すところがはっきり見えてる。具体的にはセットプレーとアタックのゲームメークです」。池村主将も、悲観してはいなかった。「まあ、同じ負けにしても、去年よりは負け方がいくぶん良くなりましたかね」。

この試合で、釜石は本来センターの越前谷大樹をウイングで、津嶋俊一をフルバックで起用した。特に越前谷は、昨季はケガでシーズンを全休したが、非凡なアタックセンスには以前から定評がある。桜庭ヘッドコーチは「ケガ人の関係で、2試合をやることもあるし、ライン全体のバランスを考えて(メンバーを)組みました。シーズンに入ったら複数のポジションがこなせる選手が必要になるし、まあオプションの一つですね」と説明した。

新戦力も、多摩大から加入のフッカー河野は機動力をアピール。高橋竜、川原と同じ岩手東芝から1年遅れでクラブ参加したスタンドオフ佐藤誠(盛岡工→中央大、25歳)はバランスの取れたゲームメーク能力を発揮。アンガスの加入と越前谷の復帰、津嶋の成長などで激戦区となったセンターからは、他のポジションへの大胆なコンバートもありそう。クラブ化して2年目。外部からの人材は、新日鉄時代の晩年は見られなかったチーム内競争を昨季以上に激化させている。

むしろ気になったのは、釜石の選手全般に見られた姿勢の高さだ。坂下功生アドバイザーは「アンガスの姿勢の高さが周りにも影響しているのかもしれない」と話したが、姿勢の高さはアンガスの唯一と言ってもいい欠点だった。そして、高い姿勢でも相手を吹っ飛ばしていた2年前までのアンガスの破壊力は、今は戻っていない。仮に戻ったとしても、それが高い姿勢の免罪符になったとしたら、むしろチームには逆効果になりかねない。東日本リーグ、さらにその上に誕生するスーパーリーグ(仮称)への昇格を目指す釜石の今季の最大のポイントは、そこの修正にあると感じた。

久々の「鉄人対決」は釜石が勝利――プレシーズンマッチ〔2002年9月〕

秋を迎えた北の町で、夢の対決が実現した。9月6日(金)夜、釜石の松倉グラウンドで行われたのは、釜石シーウェイブスと神戸製鋼(以下、神戸)の一戦。日本選手権7連覇を達成した名門同士による「頂上対決」だ。

両チームの公式戦での対戦は、1986年度社会人大会の準決勝で9対9と引き分けた(決勝には抽選で釜石が進出)のが最後。88年6月に甲府で行われた招待試合の後は、練習試合を含めてもまったく対戦がなかった。神戸の連覇が始まったのは翌89年正月の社会人大会・日本選手権からで、釜石はそこから低迷。神戸が連覇に足を踏み入れてからの「V7同士」の対決は初めてだ。

それにしてもシーズンイン直前、それも平日の夜の豪華カードである。実は、神戸が9月8日に秋田県鹿角《かづの》で明治大（以下、明大）と定期戦を行うことから、釜石の高橋善幸事務局長が、明大の後輩にあたる神戸の藪木《やぶき》宏之主務に「せっかくだし釜石に足を伸ばしてくれませんか」と声をかけたのが始まり。神戸が釜石までやってくるのもまったく初めてだったという。

1週間後の14日に関東リーグ初戦の日野自動車戦を控えた釜石は、新戦力のアンガス、トロケらを含めほぼベストの布陣。神戸は公式戦である2日後の明大戦に苑田主将やセンター元木ら主力を回したものの、ナンバーエイトのアングレッシー、フランカー冨岡洋、新加入のトンガ代表センターのホラ、元日本代表のプロップ平田貴博、慶大から加わったフランカー野澤武史らレギュラー候補がズラリ並び、リザーブにはロックのラーセン、フルバック平尾剛史らも名を連ねた。関西リーグなら7戦中4戦は圧勝できそうな編成だ。

試合は釜石の救世主・アンガスの華麗な飛ばしパスから右ウイング金《こん》和則がタッチ際を走り抜けるトライで釜石が先制。神戸もセンターのホラが釜石ディフェンスを切り裂いて同点トライで反撃。

しかしこの夜の釜石には勢いがあった。12分、5月に神戸への出稽古を経験したセンター津嶋が、相手ノックオンから恩返しの50メートル独走トライ。27分には自陣ゴール前のピンチを粘り強いタックルでしのぎ、ターンオーバーするとトロケが大きくキックでクリア。戻ってカウンターに出ようとする神戸ウイング森藤一馬《もりとうかずま》に、思い切り上がったアンガスのタックルが炸裂する。顔も身体も春より引き締まった赤鬼は、全盛期に近いフィットネスを取り戻していた。

それでも神戸の抜け目なさは健在だ。釜石ラインアウトの不安定さに乗じて陣地を戻すと、31分に相手ノックオンからアングレッシーが走り抜け、37分にはゴール前のモールを押して南條がトライし、17対12と逆転して折り返した。

そして後半。接戦から抜け出したのは釜石だった。右プロップ高橋竜、U21代表フッカー松井康輔の2人が入れ替えで入るやセットプレーが安定し、ロック仲上のしつこいプレッシャーで神戸ゴール前に攻め込む。好機にノックオンが続いても、ミスが連鎖するここ数年の悪癖は顔を出さない。2分、スクラムで相手ボールを奪った池村主将がそのままポスト下にトライ。岩手東芝から加入した新人スタンドオフ佐藤誠のゴールで逆転するころ、自陣ではアンガスの「ここからここから。絶対負けるな!」という声が飛んでいた。東芝府中で主将を降りたシーズンのような、遠慮は見られなかった。その檄にこたえるように、9分にこの夜のベストトライが生まれる。自陣深くからスタンドオフ佐藤のコントロールされたキックが神戸陣に転がる。戻る神戸BKに先駆けて追いついた釜石ロック仲上のリターンパスからボールはトロケ、アンガスと繋がれポスト下にトライ。22分には釜石フルバック真野のプレッシャーが相手ノックオンを誘い、津嶋がカウンターでトライを連ねる。

名門同士、久々の対戦となった釜石対神戸製鋼のプレシーズンマッチ

肋軟骨を痛めながらも充実感を漂わせるアンガス

試合はここから、釜石の試練の時間に入る。獅子奮迅の働きだったアンガスと仲上が相次いでピッチを退く。直後の29分、神戸はフランカー冨岡のトライで7点差に迫る。タッチ沿いに歩み出た萩本ヘッドコーチが「お前らプライドないんか」と選手を煽り、満を持してロックのラーセンを投入する。しかし34分、神戸ラインアウトを奪った釜石はウイング木立が大逃げを決めて左隅にトライ。難しいゴールを佐藤が入れて38対24。そしてラスト5分間は、神戸がラーセン、ホラ、冨岡らがカサになって攻め立てるが、釜石ディフェンスが粘り強くしのぎきった。最後は高橋竜のタックルからターンオーバーを勝ち取ったところで、ノーサイドの笛——。

「若手にとっては関西リーグへのセレクションと位置づけていたのに、ふがいない戦いで」と苦虫を噛みつぶした表情の萩本ヘッドは「釜石は強いと思う。桜庭コーチのひたむきな姿勢がチームによく浸透していたと思いますね」と復活を目指すかつてのライバルを讃えた。

そしてアンガス。「夏合宿でディフェンスの練習をたくさん積めたのがよかった。このチームはこれからおもしろいよ。私の退場？ 私たちはチームでやってます。一人のケガなんて関係ないね」と、痛めた肋軟骨をさすりながら笑顔を見せた。

釜石×神戸。顔ぶれは変われど、そのバトルはやはり特別の空気に包まれていた。来年始まる新リーグで、両者の対決が実現してほしい——この夜の釜石の戦いぶりは、そんな願望を抱かせるものだった。

ブランクが養った力――アンドリュー・マコーミック、監督からの現役復帰［2002年9月］

「赤鬼」がピッチに帰ってきた。

東芝府中そして日本代表でキャプテンを張った。鬼気迫るタックルと突進で、青いジャージーと桜のエンブレムをいくつもの勝利に導いた。楕円球の王国ニュージーランドに生まれ、日本を愛したミッドフィールダー。「アンガス」ことアンドリュー・ファーガス・マコーミック。

1999年度のシーズン終了後、突然東芝府中のヘッドコーチ就任を要請されて現役を退いてからは2シーズン。今春ニュージーランドに帰国する予定だった男は、クラブとして再生を始めた釜石シーウェイブスの新ヘッドコーチ桜庭吉彦の熱烈なオファーを受け、2年間の空白を気遣う周囲の声を振り払い、35歳にして新天地に降り立った。ホイッスルを手に選手に目を光らせるコーチ生活から、汗にまみれてボールを追うプレーヤーへの復帰。ブランク。年齢。ラグビー自体の変化。これまでの名声を失うリスクさえ伴う挑戦に、敢えて挑んだ理由は果たして何だったのか――。

9月24日。秋を迎えた釜石を訪ねた。駅で乗ったタクシーは、5分足らずで「釜石シーウェイブスRFC事務局」の看板が掲げられた建物の前に滑り込む。さして広くない事務室の中に、大きな背中が待っていてくれた。

「カムバックするだけならカンタンなこと。だけど結果を出すのはカンタンじゃない。2年のブランクがあっても、前よりもいいプレーができなきゃカムバックの意味がないよ」

あいさつもそこそこに「復活」という取材テーマを告げると、アンガスは淀みない口調で、一気にしゃべり始めた。それはこれまで、同じテーマを自らが何度も自問自答してきたことをうかがわせた。

――アンガスにとって、復活の成就とは。

「試合に出てチームを助けるプレーができなきゃ、来た意味がない。そのために必要なのは、まずメンタルタフネス。そして強い身体。それを取り戻すことが最初の目標でした」

――身体を戻す自信はあった？

「まず、自分の中に、もう一度プレーヤーとしてやりたい気持ちが強かったんです。その気持ちがないと身体を戻すこともできない。逆に言えば、身体をつくることは一番カンタン」

――不安はなかった？

「スキルレベルについては、2年間練習してなかったから落ちていたよ。でも、一度自転車に乗れるようになれば、いくらブランクがあっても乗り方を忘れないでしょ？　ただ、スピードの感覚を取り戻すには時間が必要。それは練習でファイン・チューニングすれば問題ないと思った。

それよりも、2年間コーチとしてラグビーを勉強してきたから、自分が前よりもいい選手になっていると思いました。状況判断力、ゲームの予測、人を活かすことでは、前よりもいいプレーをできる自信があるんです」

どこまでもポジティブ、というより「あっけらかん」と形容したくなるほど楽天的な言葉ばかりが飛び出てくる。

とはいえ、35歳の復活が、さほどに簡単に叶ったわけでもないでしょう？　そう問うと、アンガスは「最初はヒジョーにキツかった」と笑って、ピッチの上の姿からは想像できないエピソードを話してくれた。

まず食生活の改善。東芝府中時代のベスト体重92キロは94キロに増えていた。それも「一度筋肉が落ちて減って、それから増えた」という厄介なもの。そんな身体を「大好きなスナック類、ポテトフライもアイスクリームも全部やめて、前は1日3～4本飲んでいた缶コーヒーも1日1本でガマン」という節制で改造した。以前はあまり口にしなかったフルーツを多くとり、低カロリー高タンパクのメニューを心がけている。

そして身体のケア。体力回復のためのプールトレーニングに明け暮れた春は、サウナと冷水浴を繰り返して筋肉の疲労除去に腐心した。今も練習後には、熱いシャワーと冷たいシャワーを交互に浴びては大きな浴槽に長く浸かって身体をほぐす。

「ホントに長いよ（笑）。前は、シャワーはチームで一番早かった。試合の後はプレスの会見もあったしね。普段も昼間は仕事をしてたから、練習が終わったら早く家族のところに帰りたくていつも急いでた。でも今は、昼間家族といられる時間があるからそんなに急がなくていい」

現在のアンガスは新日鉄の契約社員。ラグビーに専念できる立場にある。近隣の小学校を回ってタグラグビーを指導したり、英語を教えたりするクラブの地域貢献活動にも従事しているが、これまでの人生になかった自由な時間を持てたことと、特別な肩書きのない「ヒラ選手」の立場が、入念な身体のケアを可能にしていた。

もちろん、身体を戻すためには厳しいトレーニングを重ねた。4月に初めて練習に参加したときは、グラウンド外周をひたすら走るチームメートの最後尾を走ったという。

「前はいつも先頭を走るほうだったから、すごく悔しかった」。5月、6月に行われた練習試合や招待試合でも、ピンチの気配を感じた瞬間に反応してカバーディフェンスに走ったかつてのアンガスらしさは見られなかった。

「春のころは、焦りを感じていた。2年のブランクは冷静に考えれば難しいし、僕はもう35歳。もしも22歳だったら大きいケガをしても全然平気だけど、僕にはもう時間が残っていない。いつも『これが最後の試合になるかもしれない』と考えていました」

そして迎えた8月の夏合宿。アンガスはみごとに身体を仕上げてきた。桜庭ヘッドコーチは、「今はワールドカップに出たシーズンよりもいい状態じゃないでしょうか。正直、僕が予想していた以上です」と唸った。

このインタビューから遡ること約3週間、9月6日に、釜石は神戸製鋼との練習試合を行なった。明大との定期戦で秋田に出向いた神戸に「せっかくだから」と持ちかけて実現した「V7鉄人」対決。明大戦を2日後に控えた神戸は控え主体の布陣だったとはいえ、フランカー冨岡洋、ナンバーエイトのアングレッシー、センターに新加入のホラ、フルバック平尾剛史らレギュラークラスも出場した。そんな神戸に対し、釜石は隙のないディフェンスとチャンスを逃さない攻撃で渡り合い、38対24の勝利を収めた。

その試合、センターで出場したアンガスは、タイミング良く相手ディフェンスに切り込んでは味方へボールをつなぐリンクプレーで多くのトライをセットアップ。開始5分にウイング金和則が挙げた先制トライも、アンガスが送った2人飛ばしのラストパスから生まれた。アンガス自身も後半9分、スタンドオフ佐藤誠の自陣からのキックで始まったカウンターに鋭く反応し、仲上太一、ソロモナ・バー・トロケの両ロックがつないだアタックを仕上げるトライを決めた。それでも、ブルドーザーのごときかつての突破力を期待していたファンは物足りなさを覚えたかもしれない。だが実はそれこそが、アンガスが脳裏に描いた「前よりもいいプレー」だったのだ。

「今は、以前よりも冷静にゲームの全体を見られるようになりました。2年間、ヘッドコーチとしてラグビーをたくさん勉強したし、スカウティングもやった。今まで知らなかったことをたくさん覚えました」

そう話すアンガスの表情には、自信という言葉ではくくりきれない確信があった。

「今は、ボールをつなぐことを凄く考えています。昔のように正面から当たっていくんじゃなく、少しポイントをずらしてコンタクトすることで、より周りの選手を活かすことができるし、私のプレー回数も多くなる。ターンオーバーされないように、ボディポジションも前より少し低くなったと思う」

以前のアンガスなら、目の前の相手にひたすら突き進んでいくことで、およそあらゆる問題を解決していた。それで十分、チームは勝利に近づいたのだ。しかし2年間の、それも芳しいとは言えない成績に終わったコーチ生活は、アンガスにラグビーの奥深さを知らしめると同時に、自分という一人のプレーヤーに新たな可能性があることも教えてくれた。

桜庭コーチは証言する。

「プレースタイルについて僕は何も言ってません。本人が考えて、周りを活かして、自分のプレー回数も増やせるように意識しているんでしょう」

指導することで視野が広がり、自らの新たな可能性に目覚める——それは多くの指導者が抱く感覚かもしれない。だがほとんどの人は、それを実行に移しはしない。アンガスはその思いを自ら実体験するために、身体をつくり直してピッチに立つ道を選択した。そのモチベーションはどこから生まれていたのか。

「プレーするチャンスがあったということです」。アンガスは言葉を選びながら話した。

「決断するまでは本当に悩みました。東芝で過ごした10年間はとても楽しかった。私はそれを誇りに思っているし、違うチームでプレーするなんてまったく考えられなかった。本心を言うと、来年始まる新リーグに上がれても、東芝との試合には出たくないです。

でも、私にはまたチャンスが来た。だったらそれはつかまなきゃいけない。そうでしょ？しかも、釜石はこれから上のリーグに復活しようとしている若いチーム。今までと違う環境を経験できるのはおもしろいじゃない？　それに、ここなら私が役に立てると思いました。たとえばサントリーだったら、私が助けられることはあまり多くないと思う。でもシーウェイブスにはたくさんある。釜石には若い、いい選手がたくさんいる。でも彼らには優勝の経験がない。僕にはそれがある。優勝がどれだけ嬉しいものかを知っている。だから、それを今の仲間と一緒に味わいたい。日本一になったときは、僕はもうここにはいないかもしれないけれど、上のリーグに上がることは、そのファーストステップですから」

9月29日。北上で行われた関東社会人1部リーグの横河電機戦で、アンガスは背番号13のジャージーを着た。2週間前に釜石で行われた日野自動車戦は、神戸戦で痛めた肋軟骨の痛みが引かず欠場。つまり、これが釜石での公式戦デビューだった。

スタンドでは「やっぱり前の強さは戻ってないな」という囁きが聞こえた。

だが、それこそが、新しいアンガスが目指すスタイルそのものだとしたら。

ボールをつかむ。相手ディフェンスへと突き進む。2人がかりのタックルが襲いかかる。骨の軋《きし》みそうなコンタクト。その刹那、アンガスの手から楕円のボールは味方のプレイヤーに向かって放たれる——。2年のブランクを経てピッチに戻った35歳は、80分を戦い抜いた末の後半ロスタイムまでいぶし銀の仕事を続けた。42分、自陣のターンオーバーから一気にカウンターをかけ、スタンドオフ佐藤誠のトライをアシスト。さらにプレーが続いた47分には、バックスラインの右隅に走り込んでダメ押しのトライまで決めてみせた。

35対10の釜石勝利で試合が終わると、当然のように取材陣がアンガスを取り囲む。

「内容には満足できない。横河のディフェンスがすごく良くて、ずっとプレッシャーを受けてしまった。でも、新しい仲間と新しい目標を持って、ここからが新しいチャレンジ。初めてこのチームの試合に出て勝てたのは嬉しいよ」。呼吸は少しも乱れていなかった。

そういえば、釜石でのインタビューのとき、印象に残った言葉があった。

「この前はスタンドで試合を見ていたから、コーチに戻った感じですごくイヤだったんだ」

やっぱり、ピッチに立ってこそアンガス。2年間のコーチ生活は、その肉体と精神を進化させるためのものだったに違いない。結果を出すシーズンは、もう始まっている。

釜石SW&ブルーシャークス。クラブ化2年目の対決［2002年10月］

釜石シーウェイブスとブルーシャークス、クラブ同士による対決が、今季も10月13日に前橋で実現した。昨季は2度にわたって死闘を繰り広げ、6点差、5点差でブルーシャークスが連勝。釜石にとっては、東日本リーグ復帰の夢を断たれた因縁の相手だった。

試合はキックオフからわずか20秒。トロケの猛ダッシュからボールを取った釜石がアンガス→右ウイング金とパスを繋ぐ電撃トライで先制。しかし5分、釜石が課題のラインアウトでマイボールを失ったのを契機にブルーシャークスがペースを握る。スタンドオフ高橋と関根、関のフロントスリーが軽快にパスをつなぐブルーシャークスが15分、22分とウイング若菜の連続トライ。釜石もフルバック篠原、ナンバーエイト三浦智のトライで追い上げるが、ハーフタイム直前に釜石トロケがスタンピングでシンビン*処分。前半は26対21のブルーシャークスリードで終えた。

しかし後半、先にペースをつかんだのは1人少ない釜石だった。後半最初から新加入のロック川島を投入。192センチの高さでラインアウトの劣勢を挽回したばかりか、バックスが後逸したボールに追いついて攻撃を立て直すなど、目を見はる機動力で一気にゲームのスピードを上げる。7分にウイング木立のトライで逆転し、11分にはラインアウトから一気にモールを押し切る。28分には、自陣深くまでキックで下げられながら、戻ったスクラムハーフ池村主将が敢然とカウンター。アンガス→篠原→木立とつなぐ逆襲トライで

*シンビン＝悪質な反則に対して科せられる10分間の一時退場処分。イエローカードによって命じられる。

突き放すなど計8トライを奪い、65対40で圧勝した。

「一人ひとりが1・1倍の力を出すこと」。一人少ない状況で試合をひっくり返した釜石の桜庭ヘッドコーチはそう説明し、「走り込んでスタミナには自信がある。リードされても悲観的なところはなかった」と話した。失点が多かったとはいえ、天王山第1ラウンドをいい形で突破した釜石。11月3日の明治生命戦に向け、チーム状況は上向きだ。

敗れたブルーシャークスも、チャンスに必ず得点する抜け目なさは圧巻。明治生命を交えた三つ巴の可能性に、全国大会出場→トップリーグ昇格の夢をかける。

確かな足跡残すも……釜石、全国は遠く［2002年12月］

アンガスが加わった02年のシーウェイブスは、関東社会人リーグ1部Bブロックを全勝で通過。秋田市役所とのプレーオフも116対3と圧勝し、全国社会人大会への出場決定戦に進んだ。翌03年度に発足するトップリーグへの参入権をつかむには、この大会に出場し、4チームで争うプール戦で3位以内に入らなければならない。だが代表決定戦を戦う「東日本リーグ7位」として釜石の前に立ちはだかったのは、前年度までの3シーズンで二度全国4強を占め、日本代表のキャプテン箕内拓郎《みうちたくろう》が率いるN

——ECという難敵だった。小雨降る12月7日の秩父宮で、両者は激突した。

青山側ゴール裏からバック側にかけて貼り付けられたのが22枚。バックスタンドで長い竿につけられたものが10枚。あわせて32枚の大漁旗が、真冬の秩父宮に集結した。

1年前の12月9日、NTT仙台グラウンド。凍てつく風の中で迎えた虚ろな敗戦とは、すべてが違っていた。

前夜の東北本線を、約100人を乗せた貸し切り寝台列車《ブルートレイン》「必勝号」がひた走った。早朝の新幹線も、盛岡、新花巻、北上でサポーターを積み込んでは次々と南下した。首都圏在住の熱烈ファンも一体となっての応援——。試合が終わると、青いジャージーの一団にはいつものように多くの拍手が贈られ、それはいつも以上に熱がこもっていた。

「負けてしまいましたけど」。会見場に入ってきた池村主将は、憑き物が落ちたような顔で口を開いた。

「すごくいいゲームだった。このチームの仲間を誇りに思っています」

桜庭ヘッドコーチは開口一番「勝ちに行ったゲームでしたが」と言った。「NECさんの接点の強さに後手を踏んでしまった。非常に悔しい思いをしていますが、いいほうに考えれば次へのいいスタートになったと思う。これが我々の目指しているトップのレベルだと教えてもらいました」

釜石フィフティーンの気力横溢《おういつ》。それは試合開始直後から観る者に伝わってきた。キックオフ直後のラックで、NECの球出しにアンガスが猛然と絡《から》むや、青いジャージーが次々と突き刺さり、ターンオーバースクラムを勝ち取る。NECのスクラムハーフ大鷲がタッチライン沿いを抜けてきても、フルバック篠原が動じることなく1対1でタッチへ突き出す……。12分、19分とNEC箕内主将に連続トライで先行されたが、25分に左ラインアウトから鮮やかな右オープン展開でウイング真野がトライを返す。

7対28で折り返した後半は4分、9分、14分とトライを奪われ、ビハインドはたちまち40点まで開く。だがフィットネスを自らの武器と定めて1年を送ってきた北の戦士たちはここからカムバック。18分にアンガスがPKから突き進んで左隅へ。直後の20分には、この日大爆発のNEC箕内主将の突進に釜石ロック仲上が猛タックルを浴びせてボールを奪い取るや、鮮やかな連続攻撃でセンター津嶋がポスト下に連続トライ。たちまちスコアは19対47。バックスタンドを大漁旗が駆けた。

「だけど、その後でミスが出てしまった。あそこの時間帯が勝負だったんですが……」。桜庭ヘッドコーチは唇を噛んだ。敗因は後半開始直後の失点よりも、後半なかばに得点を畳みかけられなかったこと——その自己評価に、新任コーチが釜石というチームをどう育ててきたかが浮かび上がる。

「ウチってアタックセンスありますね」と言ったのは池村だ。「後半はオレがボールに触ったのは全部ゲインしてトライしましたよ」と悔んだのはシーズン途中からスタンドオフに入った越前谷。

「だから、前半あんなにキックすることなかったんです。最後はフィットネス余ったまま終わっちゃいましたからね……」

象徴的だったのは後半ロスタイムの43分。自陣ゴール前で得たPKから釜石は攻めた。背番号で記せば⑩→⑫→⑩→⑬→⑭→⑫→⑭→⑤でラック、⑦ラック、⑨→⑩→⑨→⑮→⑥そして㉑。延べ15人の手を経たボールは縦にグラウンド100メートルを運ばれ、途中出場のウイング高橋宏助によってインゴールに置かれた。V7を決めた1984年度決勝の「13人つなぎ」を彷彿とさせる流麗かつスリリングな、今季の国内ベストトライに挙げたくなるほどの鮮やかな一撃。

「勝っても負けても感動を与える。釜石の試合を観たら涙が出てしまう……そんな釜石らしさは、最後のトライに感じました」。戦いを見届けたV7戦士の松尾雄治が言った。18年前と違っていたのは、19対73という敗色定まった後のトライだったことだ。

「50分ハーフくらいだったら、うちのフィットネスを出し切れたかもしれない」と言って池村は笑った。無論、ゲーム中に出せなかった力に意味はない。だが、それを次への自信にする程度の自由は敗者にもあるだろう。

「NECは強かったね。東日本の7番目と違うよ」。アンガスはそう言って報道陣を笑わせた。そのＮＥＣ、箕内主将は「負けたら終わりという危機感があった。ここまで上がってきた釜石は素晴らしいチーム。そこに勝てて嬉しい」と言った。敗者へのねぎらいだけには聞こえなかった。釜石を大差で退けたＮＥＣの強さは１週間後、関西２位のワールドを破ったことでも証明された。

昇格の目標は達成できなかった。だが「本気でトップを目指そう」と宣言した新任コーチとともに歩んだ10カ月、釜石は確かな足跡を刻んだ。１年目のトップリーグに間に合わなくても、再び頂点を目指す資格は失っていない――。

東京遠征――「復帰」２年目のアンガス、絶好調宣言［２００３年６月］

釜石を破ったNECの強さは本物だった。全国社会人大会では『死のC組』と呼ばれた激戦プールに入ったが、関西2位のワールド、同4位のトヨタ自動車、東日本3位のリコーを連破して1位通過。準決勝まで進み、続く日本選手権では常勝軍団サントリーを決勝で破り、初優勝を飾ったのだ。敗戦にも手応えをつかんだシーズンを終え、シーウェイブスは3年目のシーズンに漕ぎ出した――。

国内ラグビーの話題がワールドカップを半年後に控えたジャパンの苦闘ぶりに集中した6月。来年のトップリーグ入りを目指すかつての王者・釜石シーウェイブスが6月5日から4泊5日の関東遠征を敢行した。

遠征で組まれた試合は6月7日の日本IBM、8日の東京ガスとの2試合。IBMには29対59、東京ガスには38対54で連敗した。ロック川島が仕事の関係で遠征に参加できず、特にIBM戦ではラインアウトで完敗したのが響いたが……、「選手も納得できる負けでしょう。修正点もはっきりしてるし」。就任2年目の桜庭ヘッドコーチは淡々と振り返った。「当面の目標であるIBMとの力関係を、春の時点で一度見極めたかったんですが、かなり強くなってますね。まだ自分らよりは一つ上のレベルです」

しかし、春シーズンに釜石が関東に現れるのは珍しい。クラブ化以後は当然初めてで、新日鉄時代から含めても、東日本都道県大会を除けば近年はめったになかった（記者の記憶では1994年6月に、当時の新日鉄国分寺グラウンドで伊勢丹戦が行われたことがある）。それだけに「春の最大の目標として、シーズンのスタートから全員にアナウンスしてました」（桜庭）という重要な位置づけの遠征だった。そして桜庭の目論見通り、遠征には32人が参加。ロック川島和也とウイング高橋宏助の東北電力コンビを除けば、主力はほぼ全員が集結したのだ。クラブ化後、練習でもメンバーがなかなか集まらなかったことを思えば、意識は着実に上がっている。

そのうえ、フロントロー陣はチームに先立ち6月2日に東京入り。サントリー、明大、横河電機、早大を相手にみっちりスクラム練習に打ち込んだ。チームも5日にバス（片道8時間！）で東京入りするや東芝府中グラウンドに出向き、合宿中のU21日本代表、東芝府中と合同練習を行い、6日にはサントリーグラウンドでフィットネスをまじえたハードな練習。昨年の就任以来、フィットネスには妥協のない姿勢を見せている桜庭コーチの練習メニューを見ていたサントリーのイエレミア*が、「キツいフィットネストレーニングしてるね」と感心していたほどだった。

今季注目の新戦力はオーストラリアから来日したロブことフランカーのロバート・マクドナルド。187センチ、93キロのサイズはさほど大型ではないが、しつこくボールを追って密集で働き、プレー回数も多い。桜庭ヘッドも「ロブをもっと有機的に使っていければ」と、釜石のゲームプランに厚みを加える存在として活用したい様子だ。

そして、現役復帰2年目のアンガスことマコーミック。今季は36歳でのシーズンインとなるが「コンディションは去年よりも全然いいよ。だって、去年はホントにキツかったもの。今は80分プレーするのも、後半にペース上げるのも全然問題ないよ」と絶好調宣言。「今年はうまくいけば長いシーズンになる。でも最初がダメだとそうならないし、最初の9月からピークをつくるつもりです」

――では聞きます。今年勝って、釜石は来年トップリーグに上がる。

＊アラマ・イエレミア＝元・ニュージーランド代表のセンター。00年～04年サントリーでプレー、05～06年にバックスコーチ。

トップリーグ発足前の社会人ラグビー構造図（2002年度まで）

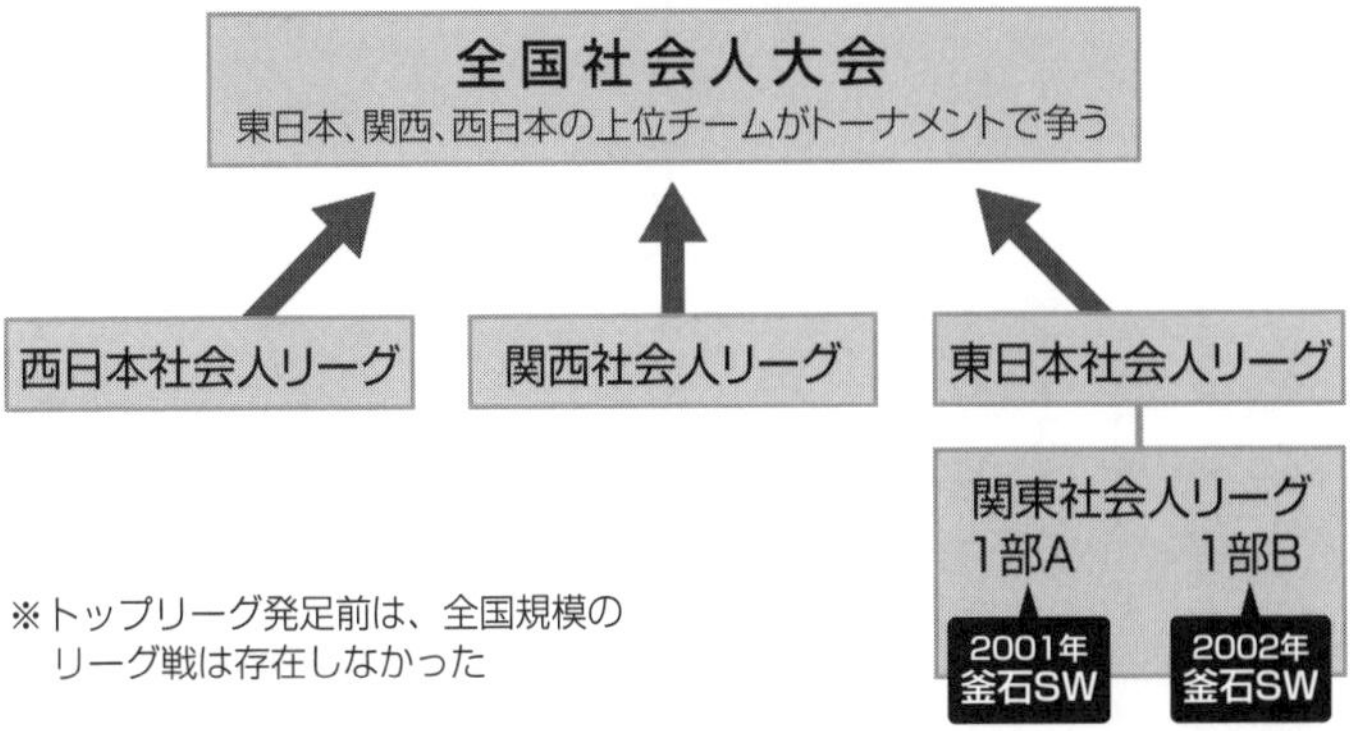

トップリーグ発足後の社会人ラグビー構造図（2003年度から）

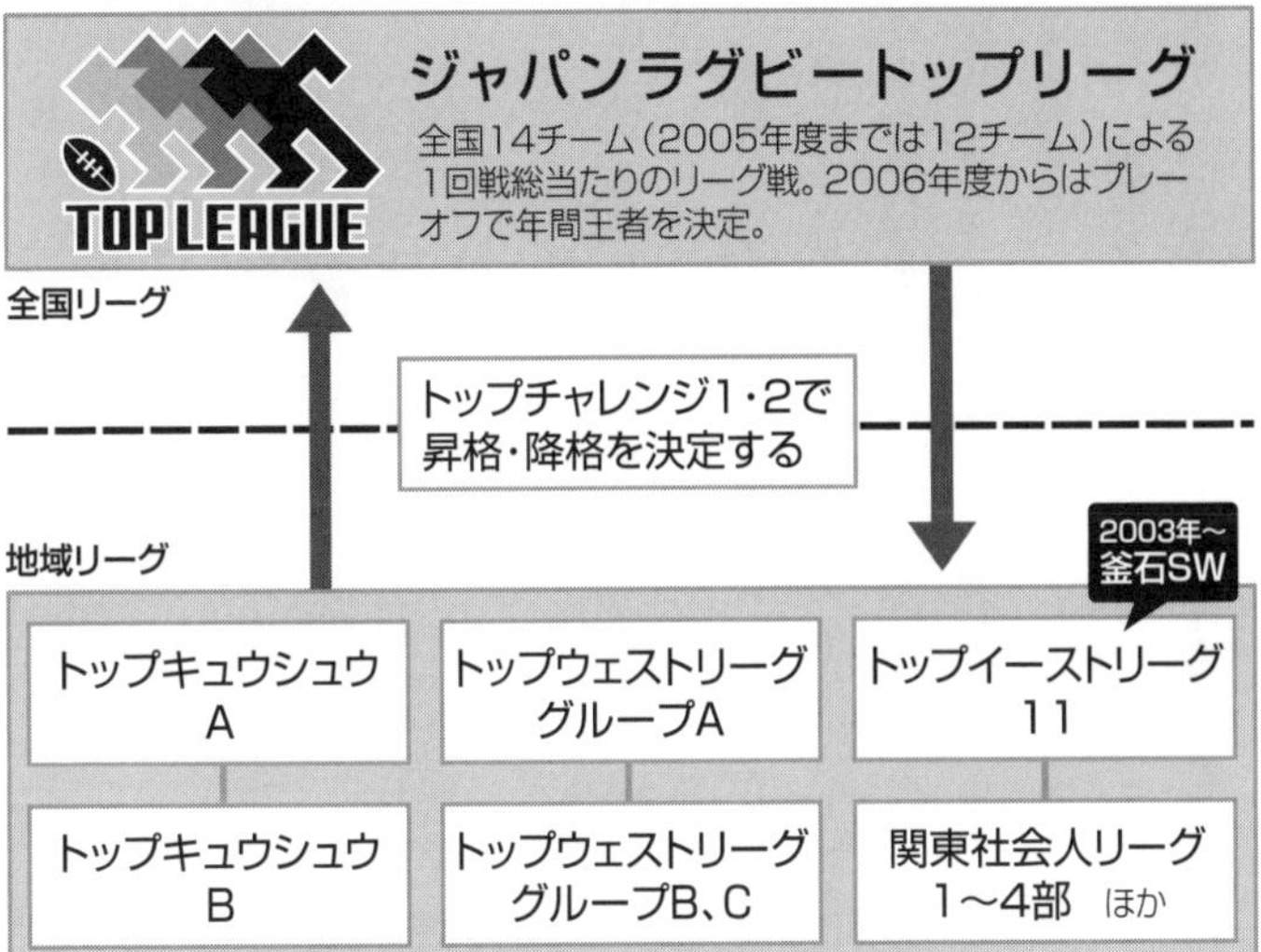

「はい。そう願ってます」

——そうしたら、来年のトップリーグでも1年はプレーをする。

「NO。もっと若いセンターを連れてくる（笑）」

現時点でのアンガスは（発言が訂正される可能性を信じたいが）こう言い切った。

ワールドカップイヤーにトップリーグ元年。多忙を極める今季のスケジュール帳には、「アンガスのラストシーズン」という大きな字を書き込む必要がありそうである。

劇的——新方式の日本選手権。釜石対関東学院大［2004年2月］

トップリーグが誕生した03年度は、下部リーグも新しいシステムに再編された。前年度まで2ブロックに分かれていた関東社会人リーグ1部の上位チームに、トップリーグ入りを逃して東日本社会人リーグから降りてきた日本IBMの計10チームで「トップイースト10」という新リーグを設立。釜石はシーズン3敗を喫したが、勝ち点でNTT東日本を1上回り、プレーオフに進める3位に滑り込み、プレーオフでは2位の三菱重工相模原を31対27の僅差で下し、綱渡りのようにトップリーグ昇格をかけたトップチャレンジに進んだ。トップチャレンジではトップウエスト2位の豊田自動織機

突破を図る青山敦司（2003年度日本選手権：04.2.21 関東学院大戦）
撮影：井田新輔

に敗れ、入れ替え戦出場は果たせなかったが、このシーズン22チームによる変則トーナメントに拡大された日本選手権への出場権は獲得。シーウェイブスとして初めて進んだ日本選手権で、池村主将らの母校・関東学院大との対決が実現した——。

「こんなもんなの？」

2004年1月24日、駒沢陸上競技場スタンドの最上段で、関東学院大ラグビー部の春口廣監督は呟いた。ピッチではトップリーグとの入れ替え戦出場をかけ、豊田自動織機と釜石シーウェイブスが対戦していた。日本選手権で、大学王者の関東学院大は、この試合の敗者と3回戦で当たるはずだった。

数日後、関東学院大は主力が行く予定だった英国遠征を急遽キャンセル。日本選手権にフルメンバーで臨む決意を固めた。つまり、勝てると踏んだのだ。2月21日。最高気温16度の暖気に包まれた秩父宮ラグビー場で、関東学院大と釜石は激突した。

「春はフツーに勝ってるし『いけるだろ』という軽い気持ちでいってしまった」。関東学院大の山村亮主将は唇を噛んだ。学生相手には簡単に奪えたボールが奪えない。学生相手には無敵だったフッカー山本貢、フルバック有賀剛の腰の強い突進も、無名の釜石選手のタックルに進路を阻まれ、ラックでボールを奪われる。社会人と学生のフィジカルレベルの差に加え、関東には1カ月のブランクがあった。12分、モールを起点に釜石フルバック篠原が先制トライ。変則トーナメントで行われた今回の日本選手権では、下から勝ち上がったチームが先にリードするパターンが繰り返されている。

釜石はさらに遮二無二関東ゴールに迫る。ラストパスが通ればトライという場面が、少なくとも3回。しかし関東代表の快足・高橋宏とベテラン真野の両翼を故障で欠く釜石はとどめを刺せない。対照的に、学生王者はワンチャンスを確実に仕留める飛び道具を持っていた。36分、それまで自陣での戦いを続けていた関東学院大は、ハーフウェイ手前でパスを受けたウイング北川智規がスワーブ*とキックを交えながら、異次元のスピードを見せつけて一気にトライ。あっという間に7対7の同点。

後半6分、釜石が動いた。負ければラストゲームとなるアンガスら、4人のリザーブ陣を一気に投入。「前半はモールを起点にリスクを少なく、後半はスピードアップして勝負をかけた」（桜庭ヘッドコーチ）予定通りの攻撃采配だ。アンガス、フランカー高橋竜らが縦突破を繰り返して関東ゴールに迫った釜石は、13分、23分とセンター津嶋がPGを決めて6点をリード。逆に、大学選手権決勝を15人で戦い抜いた関東学院大は、ロック犬飼陽生《ようせい》が足首を痛めてピッチを去る。

だが後半34分。釜石の勝利へのシナリオが崩れる。スタンドオフ越前谷が足首を捻挫。控えスクラムハーフの向井がウイングに入り、アンガスがスタンドオフへ、交代ウイングの金丸がセンターへ……。ラインを組み替えながら、釜石は関東学院大フォワードの波状

*スワーブ＝対面の相手の外側へ弧を描くように走って抜き去る技術。

攻撃を耐える。フランカー、マクドナルドの絡みで、ゴールを背にして三度のターンオーバー。しかし、4分間のロスタイムを守り切る力は残っていなかった。42分、ゴール前右隅のスクラムからの左オープン。センター高山国哲《くにあき》とループ*したスタンドオフ田井中啓彰《ひろあき》が大きな弧を描いて走りきる。「6点差になったときから、自分で決めるつもりだった」というコンバージョンも鮮やかに沈め、1点差の逆転――。

「大学の王者が社会人の下位と当てられて、悔しい思いもあった。でも、釜石は本当に素晴らしいゲームをしてくれた」。試合が終わって5時間あまり。顔を赤く染めた春口監督は、満足そうに呟いた。

そのころ、釜石フィフティーンを乗せた新幹線は、北へとひた走っていた。

ARIGATO, ANGUS［2004年3月］

敗者の姿には見えなかった。

背番号21を背負った青い目の英雄は、大漁旗をあしらった釜石の応援旗を振りながら、秩父宮ラグビー場のフィールドを走っていた。

「あの旗は、僕からスタンドのサポーターにお願いして借りました。ホントは釜石だけでなく、東芝と日本代表の旗も持ちたかったデス……」

アンドリュー・ファーガス・マコーミックは笑顔で振り返った。2月21日の秩父宮。生

*ループ＝パスした後、パスした味方の外側を走ってパスを受けること。

2003年度日本選手権を最後に、アンガスは惜しまれつつ引退した（04.2.21 関東学院大戦）

試合後、釜石名物・大漁旗を振りながら場内を一周するアンガス
撮影：井田新輔（2枚とも）

暖かい空気に包まれて行われた日本選手権3回戦。釜石シーウェイブスは関東学院大に13対14で敗れた。それは、37歳までピッチに立ち続けた英雄の、30シーズンにもおよんだプレーヤー生活の終わりを意味していた。

「負けたことはとても悲しいけれど、試合は楽しかった。それに、最後の試合を秩父宮でできたのも良かった……僕はとてもラッキーボーイだと思います。秩父宮では東芝府中でたくさん試合をやったし、シーウェイブスでもやったし、もちろん日本代表でも……どっちのファンも素晴らしかった。日本での12年間のラグビー人生はとても素晴らしかった。秩父宮では一番たくさん試合をしたし、もし最後の試合をやる場所を自分で選べるのなら、秩父宮でやりたかったくらいですから……」

東芝府中の青いジャージーを着て、そして日本代表の桜のジャージーを着て。キャプテンとしてフィフティーンを奮い立たせ、鬼神のごときタックルと諦めないカバーディフェンスでチームを幾多の勝利に導いてきた男は37歳になっていた。2年間のコーチ生活を送った後、新天地・釜石で現役復帰を果たし、さらに2シーズン身体を張り続けた。

最後と定めたシーズンは、不本意な内容だったはずだ。シーズンも押し詰まった新春2日。トップイーストチャレンジマッチの三菱重工相模原戦を控えた福島・Jヴィレッジの合宿で膝の靱帯を損傷するアクシデント。連日連夜の鍼治療を施し、トップリーグへの入れ替え戦出場をかけた豊田自動織機戦には前半28分から強行出場したが、本来の動きにはほど遠かった。この日の関東学院大戦も、後半6分からの途中出場だった。

「でも、織機戦のときよりは全然良くなってた。今日は30分ちょっとかな？　これだけプレーしても問題なかったからね」

事実、自陣ゴールラインを背にしたときでも、左足からのロングキックは再三釜石のピンチを救った。

完調ではなかったが、それを悔やんでもしょうがない。どんなコンディションであろうと、自分が現在出せるすべての力を出し切る。その意味で、この日のパフォーマンスは間違いなくアンガスのものだった。

ラストゲームからちょうど1週間。ニュージーランドへの帰国を控えたアンガスに、12年間の日本生活を聞いた。

「釜石での2年間は、ヒジョーに楽しかった。なぜなら、まず釜石の雰囲気がヒジョーに良かった。ラグビーにはゲーム以外のことがいっぱいあります。釜石は海も近いし、家族や地域の人たちと一緒にバーベキューパーティーをしたり、すごく楽しかった。ニュージーランドに似てるんです。チームがうまくいってるときはスゴくホメてくれるし、ダメだとものスゴく怒る（笑）。パッションが凄いよ。町でも直接言ってくるんだから。でもそれはいいことだと思う。特に、最近になって、町の人たちといい話をできたなあと思いますね。

それともう一つ。ニュージーランドに帰る前に釜石で2年間暮らしたのは、僕にとっても家族にとっても良かったと思う。東京の暮らしから、直接ニュージーランドに移るのは環境が違いすぎて大変だよ。釜石は小さい町だし、ラグビーに集中できたことも良かった。

残念だったのは、12月からは練習するのも難しくなったこと。グラウンドに雪が積もって、凍って、アイスバーンになってしまう。

ニュージーランドでプレーしていたころは（同国南端の）ダニーデンやインバーカーギルでも試合をしたことがあるけど、町の中で雪が積もることはなかった。霜が降りるくらいだったね。アイスバーンなんて、釜石に来るまで見たこともなかったよ。

でも、これもいい経験です。冬のコンディションがわかったからね。釜石にも、これからは室内練習場のようなものが必要。ニュージーランドに帰ったら、オタゴとか南のほうに見に行こうと思ってるんです。南島の南のほうは寒いだけでなく、雨も多いから、きっといい室内練習場のあるクラブがあるはず。その情報で、釜石の練習環境を良くできたらいいと思うんだ」

その言葉には、これからも日本のラグビーと密接な関係を保ち続けていこうという希望が窺える。事実、釜石シーウェイブスはシーズン終了と同時に、アンガスを来季からチームのアドバイザーに迎えることを発表した。

アンガスが期待するプレイヤーの一人、津嶋俊一(2003年度日本選手権：04.2.21 関東学院大戦)
撮影：井田新輔

――今後の予定については？

「年に2～3回は日本に来て、アドバイザーとしてコーチングもしようと思っています。ただ、僕はもう12年も日本にいたから、ニュージーランドのラグビー事情がわからなくなっている（笑）。今年は生活に慣れるまで、少しゆっくりしたいと思っているんです。ニュージーランドに慣れるまでの時間が必要だし、ラグビーの勉強もしたい。

将来に向けて、何を自分のメインの仕事にしていくかは、まだ決めていません。今は自分の中に情報もないし、シーウェイブスのアドバイザーになるといっても名前だけ。いっぱい勉強しないとね。本当にアドバイスできるようになるのは、少なくとも1年間は勉強してからだと思うな」

東芝府中のヘッドコーチを退いた2年前、まだ現役復帰を決断していなかったときのアンガスは、新設されるワールドラグビーアカデミーの北太平洋地区担当として働くことを決めていた。当時のアンガスは「あと2年間だけプレーしたら、そのビジネスをすると思うよ」と話していたが……。

「考えが少し変わりました。それは、もう少し深く考えないといけないということ。『これからはビジネスを』と口で言うのはカンタンだけど、本当にやるのは難しいです。僕は12年前から、プロのラグビー選手としてラグビーオンリーの生活をしてきたから、ビジネスの世界からは離れすぎている。でも、ここから次に何かを始めるというのは凄く大きな判断です。今は、少し家族とのんびりする時間を持ちながら、将来のことを考えようと思っています。ニュージーランドに住んだら、またラグビーにかかわるチャンスが生まれるかもしれないしね」

――またプレーヤーに戻ったり？

「NO（笑）。もう選手でやるのはイナフ（お腹いっぱい）。もう終わりだよ。なぜなら、もしも僕が100％の力で練習できないんだったら、プレーヤーとしてやる意味はないから。プロフェッショナルの選手としてプレーする以上、練習からすべてをしっかりやれないと、実際の試合でも誰も助けられない。それに、今年、最後に膝の内側靱帯《ないそくじんたい》を伸ばしたときは、なかなか治らなかった。最後はムリして試合に出たけれど、これは来年プレーすることがゼッタイにないからやっただけなんです」

――2年前に現役に戻るときは「コーチングも勉強して、たぶん前よりもいい選手になってると思う」と話していました。

「そう思わないとやれないから（笑）。正直に言うと、2年間のブランクは思ってたよりも大きかった。自分ではもっと早くコンディションが戻ると思ってたんだけどね。フィットネスは問題なかった。すぐに戻りました。ブランクを感じたのは、フィットネスよりも判断の速さ、シャープに反応する力でした。1年目は、最後のNEC戦のときでも『まだ戻ってないなあ』と感じていた。2年目のシーズンが始まったころになってやっと『あ、いい感じに戻ってきた』と感じたけど、思っていたよりもブランクの影響は大きかったですね。ラグビーも年々変わってる。コーチとしては新しいラグビーをずっと勉強していたけど、プレーヤーでやるのとはやっぱり違う。でも、難しかった理由は年齢じゃないよ。ブランクなしでプレーヤーを続けていれば、問題なかったはずです。

チームでの役割も東芝府中のときとは違っていた。東芝では突破役だったけど、釜石ではどっちかというとワイドにボールを動かす役目。自分では新しいことにトライしたつもりだけど、デキはどうだったかな？　まあ、カンタンにはできなかったけど、釜石にはいい選手がいたし、いいプレーをできたときもあったよ。センターの津嶋、フルバック篠原はすごくいい選手。スタンドオフのエチ（越前谷）は東芝の島崎みたい。プレーは激しいけどクールにコントロールできる。ウイングのコースケ（高橋宏助）は、今年はケガと仕事の関係でプレーできなかったのがすごく残念だけど、あのスピードはものすごい可能性を持っている。

今年の目標だったトップリーグへの昇格はできなかったけど、これからの釜石はおもしろいと思うよ。トップリーグのトップ4とはまだ差があるけど、下の4チームとはそんなに差がない。ただ、もしも今年トップリーグに上がれていたとしても、正直、来年は負け負け負け……と続いてすぐ下に逆戻りだったと思う。今年のＩＢＭみたいに、完全優勝するくらいの力をつけてから上がらなきゃ。

これから大事なのは、チームが一貫性を持つことです。どんなときでも、同じレベルのパフォーマンスができなきゃいけない。今はチーム全員が集まれる機会が少なくて、冬になると練習場所もなくなってしまった。試合ごとに波が大きい理由はそこにあったと思う。ただ、釜石が2月までラグビーしていたのは初めてだった。今年それを経験したから、来年は準備できるよね。それが大事です。僕もニュージーランドで、冬の室内練習の施設やメニューを勉強してくるし」

――アドバイザーの仕事には、外国人選手のスカウトも含まれるのでしょうか。

「イエス。去年から釜石でプレーしているフランカーのロブ・マクドナルドも僕が紹介しました。彼はセブンズのスペシャリストで、試合の中ですごくたくさんの役割を果たせるし、スピードがあってジャッカル*が凄い。ゼッタイ日本のラグビーにフィットすると思ったんだ。間違いじゃなかったでしょ。

今度釜石に来る2人も、僕がニュージーランドでスカウトしました。1人はアンドリュー・ギャラハーといって、198センチ、105キロのロック、ナンバーエイトです。昔（1998、1999年度）2シーズン近鉄でプレーしていて、今年で30歳。キックオフとラインアウトに強くて、日本にいる選手ではサントリーのワシントンに少し似てるかな。

もう1人はヘイデン・マーティンという24歳のセンター。ニュージーランド・ジュニアやニュージーランド・マオリに選ばれたことがある。サイズは181センチ、93キロ。僕

*ジャッカル＝タックル後の密集で相手ボールを奪い取るプレー。

よりちょっとガッチリしたタイプだね。サウスランドでプレーしていたから、寒いのも平気だと思う」

釜石でラストシーズンを送るアンガスより先に、カシア夫人と長男トマス、長女イザベラは昨年（03年）9月に生活の拠点をニュージーランドへ移していた。アンガスはその準備も兼ねて一時帰国した際、釜石の新戦力探しも行っていたのだ。

「ちょうどワールドカップのときも行ってたんだ。友達からも『日本はいいラグビーしてるね』と誉められたよ。僕も『凄い試合をしてるなあ』と思ったし、オーストラリアの人からもすごく人気があったよね。ラグビーを知っている世界中の人が、今回のワールドカップで日本を尊敬《リスペクト》してくれたと思う。ただ、いくらいい試合をしても結局は『全部負けた』ということ。日本でラグビーのファンを増やすことは、残念だけど、できなかった」

――アンガスから代表選手への『ジャパンに選ばれたのは日本で素晴らしいプレーをしているから。そのプレーをそのまま出してください』というメッセージ（『ラグビーマガジン』03年11月号）が、ジャパンのパフォーマンスに貢献したという声もありました。

「それは関係ないと思うけど（笑）、ディフェンスは信じられないくらい良くなったよね。要は気持ちだけ。パターンは春までと一緒だったし、やればできるってことね。

ただ、今回はみんないい経験をした思うけど、日本の選手はそういう経験を積むのが遅すぎるんです。大学生は、厳しい試合をしていないから、個人プレーで何でもできる。でも社会人になるとそれが通じなくなって、やっとラグビーがわかってくる。でもそれじゃ遅すぎます。

今回、釜石は関東学院大に負けたけど、僕は試合前は、関東はもっと凄いのかなあと思っていたんです。ディフェンスは本当に素晴らしかった。でも、東芝府中時代の日本選手権で関東学院大とやったときと比べても、課題が同じなんです。能力はすごく高いものを持ってるのに、社会人と比べると、接点がまだ弱い。そこは伸びていないんです。世界では日本の大学生よりも若い選手がテストマッチにどんどん出てるのに。

日本のラグビーは、トップリーグが始まったことでいい方向に向かうと思います。まず試合が増えて、シーズンがタフになる。一貫性を持ってやらないと、いい成績を残せなくなる。代表チームにしたって、ツアーをすれば水曜日の試合で控え選手が経験を積んだり、次のキャプテン候補に試合を任せたり、いろいろなことが試せるでしょ？　国内シーズンでも、試合数が増えればそれと同じことができるようになるよね」

ニュージーランドへ帰っても、僕は日本の心を持っています——2年前にはそんな台詞も残したアンガス。2年の月日が過ぎ、アンガスと日本の結びつきはさらに強く太くなったようだ。帰国というよりも、日本とニュージーランドを往復する新生活が始まる。

「今年はまだ日本に何度か来ます。これはヒジョーに幸せなこと。12年も日本にいたし、急に1年以上も離れるとしたら大変だよ」

幸せなのはこちらだ。日本ラグビー界が、アンガスという英雄を得てどれだけ幸福だったか。そして、これからも貴方と会えると確信できることがどれだけ幸福か。

12年間、ありがとうアンガス。本当に、お疲れさまでした。

そして、これからもよろしく。

◆アンガス効果で活性化した2002〜2003年シーズン

現役を引退したアンガスは、釜石シーウェイブスのテクニカルコーチに就任した。いったんニュージーランドに帰国した後、2004年5月に再来日。引退試合となった、5月23日に盛岡南公園球技場で行われたIBC杯の法大戦に後半30分から出場。同時に引退したロックのソロモナ・バー・トロケ(元トンガ代表)とともに、岩手のファン3200人の前で最後の雄姿をみせた。翌週には釜石ラグビーフェスティバルに参加するなど、シーウェイブスの活性化に貢献する働きを見せていた。

実はこの時期、アンガスには岩手県内のある大学でラグビー部の監督に就任する話が持ち上がっていた。実現していれば、大学ラグビー不毛の地とされる東北に、新しい動きが生まれていたかもしれなかった。

その話が流れたことと関係あるのだろうか。アンガスは翌2005年には九州のコカ・コーラウエストのバックスコーチ就任の話に応諾してしまう。コカ・コーラには、アンガスが東芝府中を日本選手権3連覇に導いたときの監督だった向井昭吾が前年度に着任していた。向井監督からの要請を、アンガスは断ることができなかった。コカ・コーラは、アンガスのラストイヤーになった2003年度のチャレンジマッチで対戦、激戦の末、28対27の1点差で釜石が勝利した相手だった。釜石から見れば同格のチームだったが、翌年に向井監督を、その翌年にはアンガスも招聘し、2006年には一足早くトップリーグに昇格。格上と見られたトップリーグ上位チームにも臆せぬ厳しいディフェンスで食い下がり、自動降格の可能性も囁かれた昇格1年目を4勝9敗の10位で終了。着実な進歩を証明した。

【2002年度公式戦戦績】

《関東社会人リーグ1部B》

9月14日　○64対8日野自動車（釜石市陸上競技場＝松倉グラウンド）

9月29日　○35対10横河電機（北上総合運動公園陸上競技場）

10月6日　○121対8ライオン（ライオン市原グラウンド）

10月13日　○65対40ブルーシャークス（前橋敷島ラグビー場）

10月20日　○84対7大塚刷毛（秋田八橋陸上競技場）

11月3日　○26対12明治生命（明治生命八王子グラウンド）

11月10日　○104対0習志野自衛隊（石巻市総合運動公園）

総合成績　7勝0敗　1位

《チャレンジシリーズ》

12月1日　○116対3秋田市役所（盛岡南公園球技場）

《全国社会人大会代表決定戦》

12月7日　●26対78NEC（秩父宮ラグビー場）

【2003年度公式戦戦績】

《トップイースト10》

9月14日　○48対24日本航空（盛岡南公園球技場）

9月28日 ○42対12横河電機（北上総合運動公園陸上競技場）
10月4日 ○15対11明治生命（釜石市陸上競技場＝松倉グラウンド）
10月11日 ○30対29三菱重工相模原（秩父宮ラグビー場）
11月2日 ○43対14ブルーシャークス（仙台スタジアム）
11月9日 ●10対34NTT東日本（盛岡南公園球技場）
11月22日 ○25対20栗田工業（盛岡南公園球技場）
11月29日 ●23対28東京ガス（秩父宮ラグビー場）
12月13日 ●19対48日本IBM（秩父宮ラグビー場）
総合成績　6勝3敗（勝ち点29）3位
《プレーオフ》
12月23日 ○99対5NTT－G東北（トップノース）（栃木県グリーンスタジアム）
1月4日 ○31対27三菱重工相模原（トップイースト2位）（秩父宮ラグビー場）
《トップリーグチャレンジマッチ》
1月18日 ○28対27コカ・コーラウエストジャパン（博多の森球技場）
1月24日 ●15対60豊田自動織機（駒沢陸上競技場）
《第41回日本選手権》
2月14日 ○41対29東海大（花園ラグビー場）
2月21日 ●13対14関東学院大（秩父宮ラグビー場）

―去る者たちの理由

第3章 現実——

習志野自衛隊から来た背番号3

アンガスのラストシーズンとなった２００３年度。釜石シーウェイブスは8人の新しい戦力を迎えた。

8人のうち2人は、9月14日に盛岡南で行われた日本航空との開幕戦（48対24で勝利）から翌年2月21日、秩父宮ラグビー場で行われたラストゲーム、日本選手権の関東学院大戦まで15試合すべてに出場した。

全試合出場は簡単なものではない。大きなケガをしない頑丈な選手でも、長いシーズンには小さなケガや、体調を崩すなどして試合を欠場することは珍しくない。このシーズン、釜石で全試合出場を果たしたのは新人2人のほかはスクラムハーフで主将の池村、ナンバーエイトで副将の三浦智拓だけだった。

だから、新人ながら全試合に出場したのは快挙と言っていい。

その一人はオーストラリア出身のロブ・マクドナルド。7人制ではオーストラリア代表に選ばれた経歴を持ち、アンガスが「ゼッタイ日本のラグビーに合うタイプ」と見込んで連れてきた選手だった。フランカーで起用されたマクドナルドは、身長１８７センチの長身と長い腕でボールにからみ、釜石フォワードの防御の軸になった。

もう一人はプロップの田村義和。習志野自衛隊でラグビーを始めたが、前年で退官した24歳。青森の生家に戻ろうとしていたところを、桜庭ヘッドコーチや高橋事務局長ら釜石のスタッフ総出で口説いて獲得した選手だった。

田村は背番号3の右プロップ。両チームのフォワード8人が塊となって押し合うスクラムで、16人の力と体重が最も集中する過酷なポジションである。大男が力任せに押しているように見えがちだが、スクラムは相手との接点の角度、上下左右の力のバランス、先手・後手、揺さぶりなどのかけひきが無限にあり、ラグビーで最も経験の必要なポジションといわれる。国内のトップチームでも日本代表でも、まして世界のトップチームでも、プロップには経験豊富なベテラン選手が多い。釜石の黄金時代を支えた名プロップ洞口孝治も、レギュラーに定着したのは22歳のとき。釜石工業高でラグビーを始めてからのキャリアは7年目のシーズンだった。

そんな重責を担うポジションを、田村はわずか5年あまりのラグビー経験ながら1シーズンを通して勤め上げた。183センチ105キロの雄大な骨格と、自衛隊の厳しい訓練で鍛え上げた下半身。再建を目指す釜石フォワードの要として、スタッフもファンも、その前途に明るい希望を見いだしていた。

だが、そのシーズンが終わったとき、田村はシーウェイブスからの退団を申し出るのだった。

田村義和は1978年10月、青森県田舎館《いなかだて》村に生まれた。高校1年まではサッカー少年だった。高校を卒業するとき、地元の自衛隊に入った。給料が良く、地元に残れるというのが入隊の理由だったが、3カ月後に習志野へ移った。習志野には空挺《くうてい》部隊、つまりパラシュート降下を専門とする部隊があり、危険手当があって自衛隊の中でも給料が高かったのだ。海外旅行のために京成電鉄のスカイライナーに乗ったことのある人なら、窓の外にパラシュートがゆらゆら揺れて降りてくる光景を見た経験があるかもしれない。それが1996年から2002年の間なら、そのパラシュートのどれかに田村が乗っていた可能性がある。

降下訓練は飛んでいる飛行機から、あるいは空中でホバリング（停止）しているヘリコプターから行われた。飛行機から飛び降りるのは勢いですませられるが、ホバリングしているヘリから飛び降りるのは、田村にはまるで飛び降り自殺のように感じられて怖かった。通常の訓練を行う高さは地上330メートル。東京タワーのてっぺんに等しい。地上を見ると、クルマが自分の人差し指の先っぽくらいの大きさに見える。

エイヤッ！　とヘリを飛び出すと、パラシュートが開くまでの約4秒間は重力に従って真っ逆さまに落ちてゆく。その距離約70メートル。もしも開かなかったら……そんなことはゼッタイないんだといくら頭でわかっていても、飛び出す前の恐怖心は消えなかった。

習志野に移ってしばらくして、田村は見慣れない風体の先輩たちに気づいた。駐屯地《ちゅうとんち》の中を、泥だらけになって走っている。屈強な自衛官を見慣れている目から見ても明らかにゴツい。

何だろう、あの人たちは……そう思っているうちに、田村は上司に突然、

「ラグビーやってみないか」

と薦められた。

「やってみろよ。お前は背が高いし、いいと思うぞ」

習志野自衛隊ラグビー部は関東社会人リーグに所属し、現在もＮＥＣで活躍するプロップ東考三や、１９７０年代の日本代表で活躍した伝説的名ロック小笠原博を生んだチームだった。奇しくも小笠原は、田村と同じ弘前実業高の先輩で、やはり習志野自衛隊に来てからラグビーを始めていた。

田村はラグビーなんて何も知らなかった。高校のときラグビー部は休部状態だった。ふざけ半分でタバコを吸ってる連中が、ラグビー部の部室にあったヤカンを吸い殻入れにしていたことを思い出した。19歳の春、田村はラグビーを始めた。

自衛隊6年目の２００2年11月、田村と習志野自衛隊チームは、関東社会人リーグの公式戦で釜石シーウェイブスと対戦した。習志野は１０４対０の大差で敗れた。そのシーズンの習志野にとって最多失点だった。釜石はマコーミックが先発センターで出場し、フランカーで出たトンガ代表のトロケは2トライ。途中から交代で入った高橋宏助というウイングは、誰も追いつけないスピードで走り、瞬く間に3トライを決めていた。ケタ違いの

強さだなと田村は思った。

そのころ、田村は自衛隊を辞めることを考え始めていた。

習志野自衛隊ラグビー部は、昼間からラグビーの練習をすることも少なくなかった。心身の鍛練というテーマ自体が自衛隊の目標と合致することもあったからだろうが、練習時間には恵まれていた。だが自衛隊の業務、専門知識を身につけるという意味では、同期入隊の隊員たちに後れをとってしまう面もあった。田村はパラシュート部隊の中の通信小隊に配属され、無線の資格を取るなどキャリアを積んではいたが、ラグビーに熱中するうち、気がつくと自衛隊の出世コースからは外れたような感覚をおぼえた。自衛隊は、2年ごとに任期を更新するシステムだった。24歳の田村は、将来に向けて自衛官の生活を続けることをイメージできなかった。

自衛隊には、退官する隊員の再就職を斡旋する援護センターがあった。求人の説明会を覗くと、ちょうど郷里の弘前にある婦人服の工場が職員を募集していた。そこの工場長も、元自衛官だった。地元に帰って暮らすイメージが、田村の頭に広がった。ほどなくして、地元での就職が決まった。悪くない気分だった。

だが、運命は自分の知らないところで変転する。ある日、田村はラグビー部監督に呼ばれ「釜石へ行ってラグビーを続けないか」と思わぬ言葉をかけられた。

田村は信じられなかった。思わず問い返していた。あの、オレたちから104点を取った釜石ですか？

まさか、と思うと同時に、自分がそんな上のチームから誘われたことが嬉しくもあった。関東社会人リーグの他チームからも誘いはあったが、釜石は名前も実力も伝統も、すべてケタ違いの存在だった。

釜石にとって、自衛隊はクラブ化する以前から有力な人材供給源だった。大学で活躍して、強豪チームが奪い合うようなスター選手は釜石にはなかなか来てくれない。交通の便が悪く、見知らぬ土地には不安もあるし、何よりチームが強くない。それゆえ釜石では、他の強豪チームが知らない隠れた素材を発掘する必要があったのだ。１９９６年に釜石に加わった仲上太一は、帯広自衛隊在職中に全北海道の一員として国体に出場し、そこで釜石ＯＢの目に留まったのをきっかけに釜石へやってきた。実は仲上は、高校ラグビー界の名門・大阪工大高にあって、入学直後の1年春からレギュラー入り。2年で高校日本代表に選ばれた（キャプテンは1学年上の清宮克幸、後の早稲田大、サントリー監督だった）経歴を持っていた。事情があって高校を中退し、ラグビーの表舞台から消えていたが、幻とも伝説とも言われた怪物プレイヤーは、一線に復帰したシーズンの終わりにはもう関東代表、日本A代表*に選ばれるのだった。

２００２年12月7日、田村は、秩父宮ラグビー場で行われた釜石シーウェイブスとＮＥＣの試合に出向いた。翌シーズンに発足するトップリーグへの参入権をかけた、これが最

＊日本A代表＝ラグビーではフル代表に次ぐ位置づけのチームをA代表と呼ぶ。

後となる全国社会人大会への出場決定戦だった。釜石は敗れたが、2カ月後に日本選手権王者となるNECを相手に堂々と渡り合った試合に、多くのファンと同じように田村も感動した。試合の後、田村は釜石の高橋善幸事務局長（当時）と、やはり自衛隊勤務の経験を持つ仲上と面会。挨拶をし、握手をして別れた。数日後、釜石で仕事を用意するから、来てくれという連絡があった。それならラグビーを続けようと田村は思った。

釜石での仕事については、高橋に任せきりにしていた。特に希望はなかった。釜石へはラグビーをするために行くのであり、クラブが見つけてくれた仕事に就けばいい。そう思っていた。あとで知ったことだが、習志野自衛隊時代のラグビー部監督の上司に、シーウェイブスの高橋事務局長の叔父がいた。まったくの偶然だった。

高橋は、自衛隊時代の手取り額を聞いてきた。危険手当もつく習志野パラシュート部隊の収入は、同年代に比べて高いほうだった。その額に見合った職場を釜石で探した高橋が見つけたのは、㈱釜石清掃企業だった。主な業務は市内の家庭ゴミ、事業ゴミの収集・処理場への搬送、汲み取り、浄化槽のメンテナンスだった。就職先が決まると、田村は一度、習志野から東北新幹線と釜石線のディーゼルカーを乗り継ぎ、日帰りで釜石まで挨拶に行った。事務局に着くと高橋がカツ丼をご馳走してくれた。グラウンドとクラブハウス、隣接する寮を案内され、会社に挨拶に行った。

仕事に贅沢は言わないつもりだったが、業務を紹介されると田村の心は沈んだ。正直、自分の人生でこんな仕事につくことは想像もしていなかった。そんな思いが表情に出たのかもしれない。社長は「まあ、もって3年ってとこかな」と冗談めかして笑った。田村は「いやいや、ちゃんとやりますよ」と言った。だが社長の言葉が正しかったことは、後に実証されることになる。

4月。田村は自分でクルマを運転して釜石にやってきた。

東北自動車道は、埼玉県最南部の川口ジャンクションを起点に北へ延びている。首都高から乗り入れ、埼玉から栃木、福島と県境を越え、長い福島県を過ぎ、ようやく宮城県に入る。仙台を過ぎる。ずいぶん北までやってきたな……そんな感覚を抱いた人は、まもなく現れる表示に目を丸めることになる。

「東北道　川口・青森　中間点」

川口からここまでが340キロ。ここから青森までが340キロ……これだけ走ってきても、まだ東北の半分しか来ていないというのか。初めて東北自動車道を起点から北へ走り、この表示を見た人は東北という大地の大きさを知り、深い徒労感に襲われ、中にはクルマで来たことを猛烈に後悔する人もいる伝説の看板である。

そこからさらに北へ120キロあまり。一面に広がる田んぼと、たおやかな山なみ。単調な景色の中を北へ走り続け、「北上江釣子《えづりこ》インターチェンジ」で一般道に降りる。あっという間に市街地を抜け、国道107号線から283号線へ。民話の里・遠野を過ぎると、道路はいきなり深い山の中に入った、かと思うと薄暗いトンネルに入る。延長2500メートル、1959（昭和34）年に完成した片側1車線の仙人トンネルだ。

トンネルを抜けたら町に出るのかな……そんな期待を抱いたドライバーは、まもなく自分の予測が甘かったことを知る。トンネルを抜けると、道路は真下に落ちるような急坂となり、ヘアピンカーブ、ループ橋が次々と現れる。ガードレールは無数のクルマが突っ込んだ跡でボコボコだ。釜石は海沿いの町と聞いてるのに海など見えない。そもそも景色を見る余裕などない。

ホントに着くのかなあ……田村は不安を覚えながらハンドルを握り、ブレーキを踏みすぎないように気をつけて、慎重にクルマを走らせた。地の果てまで落ちていくんじゃないかと思ったころ、道は少しずつ平坦になり、やがて民家や商店が現れ、1カ月前に来たときに見た覚えのあるグラウンドに着いた。

釜石での生活が始まった。

田村は朝8時には作業服に着替えて、ゴミ収集車に乗り込んだ。仕事は夕方まで、休む暇なく詰まっていた。

港町の釜石では、ほかでは想像できないようなゴミがあった。

サメの頭が丸ごと収集所に出されていた。道路が急カーブになっているところでは、トラックの荷台から落っこちたサケが腐り、異臭を放っていた。ある日は死んだイルカが、頭と尻尾が背骨でつながったまま出されていた。拾おうとしたら目があってしまった。イルカは悲しそうな目をしていた。

厄介なのは連休明けだった。ゴミが増えるため、収集車はすぐ満杯になる。ゴミ焼却場は、北隣の大槌町へ向かう手前を山に向かって10キロメートルほど入ったところにあった。1往復増えれば、それだけで1時間以上の時間が飛んでしまう。昼食の時間もとれないまま、午後の作業が始まることもあった。普段は仕事が終わると寮に帰り、風呂に入り、服を洗濯して、干してから練習へ出かけていたが、仕事が長引いてしまったときは、シャワーも浴びられないままグラウンドに出た。田村のポジションは最前列でスクラムを組み合うプロップだ。首と首、顔と顔が密着する。相手の息も感じる距離。当然、身体にしみついたにおいも届く近さだ。

きっとクセェんだろうな……そう思ったときは、周りの選手の顔色が変わる前に自分から言った。

「オレ、今日は臭いかもしんないよ」

自衛隊時代は、勤務は午前中で午後は練習だった。曜日によっては午前中からウエートトレーニングに打ち込めた。まるでプロみたいな生活だった。それを思えば、釜石での生活は過酷だったが、そうしてまで身を投じたラグビーは素晴らしかった。

習志野自衛隊との大きな違いは外国人選手の存在だった。テレビで見ていたマコーミックをはじめ、トロケやマクドナルドのようなデカくて強い選手が、黙々と練習に打ち込んでいる。ウエートトレーニングでも、自分の意志で厳しいメニューに取り組み、限界にチャレンジしている。習志野自衛隊時代も、選手たちは真剣にトレーニングに取り組んでいると思っていたが、ケタ違いだった。

グラウンドから川を渡ったところには、選手たちが「アンガス坂」と呼ぶ急な坂道があり、たびたびインターバルトレーニングが敢行された。手をつきたくなるほどの急な坂が約100メートル。これ以上は脚が動かない、と悲鳴をあげそうになる矢先、勾配は少し緩やかになり、何とか動ける、と思わせてさらに50メートル。トレーニング効果を考えて設計されたような絶妙な傾斜が、自然の地形に沿って深い広葉樹林の中に続いている。

ウエートトレーニングにも思う存分打ち込めた。シーウェイブスの選手は、新日鉄以外の選手もグラウンドとクラブハウスに隣接する白鵬《はくほう》寮に入った。寮のすぐ隣には各種トレーニングマシンが完備されたウエートルームがある。田村はウエートトレーニングが特に好きなわけではなかったが、ほとんど毎日ウエートルームに立ち寄り、マシンと格闘した。練習がオフの日、遊びに行って夜中に帰ってきたときでも必ずマシンに向かった。自衛隊を辞めるときに101キロだった体重は、徹底した筋力トレーニングの結果、1年で110キロまで増えた。

人間関係も多様だった。

グラウンド近くにある酒屋「菊豊商店《きくとよ》」には、生ビールのサーバーも完備された立ち飲みコーナーがあり、毎週水曜日には「水曜会」と称してビール党の選手たちが集まった。休日にはクラブハウスの前で誰かがバーベキューを始め、通りかかった誰かが加わり、やがて「菊豊商店」から生ビールのジョッキがピストン搬送され、誰かが自宅から食材を持ち寄り……いつのまにか大人数の宴になっていた。

仕事で市内を回れば「試合は勝ったの？」とたびたび声をかけられた。「はい」と返事をしてから、今の声は昨日のスタジアムでオレの名前を呼んでた声に似ていたなあ、と思うこともあった。納得いくスクラムを組めて、チームも勝ったときは、翌日の仕事へ向かうときも気分が良かった。


「やらなきゃやられる」

田村はいつも、自分にそう言い聞かせて個人トレーニングに打ち込んでいた。

田村がラグビーを始めたのは習志野自衛隊に入って2年目の春。それから5年間の経験を積んできたとはいえ、それはあくまで自衛隊の素人集団の中の話だった。

「オレは素人だ——」

田村はいつも自分にそう言い聞かせていた。だから、何をやるのでも人の倍やらないといけない。毎日やらなきゃいけない。休むヒマはない。オレにあるのは「素人根性」だけ。素人だから、他の人にはできないことでもやれるのだと思い込んでいた。

田村が反骨心を燃やしていた相手は、有名大学で活躍したスター選手だけではなかった。反骨の炎の矛先は同じシーウェイブスでプレーする、新日鉄に勤務する選手たちにも向けられていた。

田村の勤務先も、ラグビーには理解してくれていた。練習には必ず参加できるよう勤務時間も配慮してくれたし、試合のための遠征、合宿はすべて公休、つまり出勤と同じに扱ってもらえた。後に関東代表に選ばれてニュージーランドへ遠征（２００４年６月）したときも、日本選抜でアジア選手権（２００４年10月、香港開催）に出場したときも同じだった。外国に出かけてラグビーをしていても、朝から晩まで仕事をしているときと同じように給料は出た。ラグビーに限らず社会人スポーツでは常識になっていることだが、田村にとっては新鮮な驚きであり、感謝を覚えた。

だが、新日鉄の選手たちの恵まれ方は自分とはケタが違っていた。

トップイーストリーグの釜石の試合は、ほぼ半分が東北エリア、残りの半分が関東エリアで行われた。日曜日に関東地区で試合があれば、釜石に帰り着くのは深夜になる。短い睡眠をとると、もう仕事が始まる時間だった。だがそんなとき、新日鉄の選手は休暇をとって寮で寝ていることもあった。ハードな練習が続いて疲労がたまると、身体を休め、リカバリーするために半休をとる選手もいた。身体のケアはアスリートとして当然の責務であり、休暇をとるのは職員の正当な権利……そう頭では理解していても、田村には考えられないことだった。田村の場合、試合や合宿のときは特別に公休にしてもらっているのであり、それ以外で仕事を休めば欠勤となり、当然だが給料がそれだけ減ってしまうのだ。

そして、田村の仕事は屋外の作業だ。夏は暑さと悪臭の中で、冬は標高１３４１メートルの五葉山から吹きおろす寒風に耐え、凍った路面に足を滑らせながら、作業を続けた。正直、この生活は長くは続かないだろうなあ、という思いが頭をかすめた。

そんな思いを田村と共有できたのは、新日鉄以外の職場に勤める若い選手たちだった。

釜石郵便局で集配業務をしているウイングの青柳《あおやぎ》稔とは、外仕事の厳しさを、半分ボヤきながら励まし合った。釜石市内のホテルに勤務していた中屋裕甫《ゆうすけ》は、練習を終えると急いで着替え「これから夜勤なんですよ」と言って職場へ向かっていった。練習を終えて寮に戻り、遅い夕食を食べに出るときは、自然と新日鉄以外の職場に勤めるメンバーたちと一緒になることが多かった。

田村が加わった２００３年度のシーズン、釜石は日本選手権まで勝ち進んだ。トップリーグの発足に伴い、日本選手権は22チームが参加する変則的な大会として行われ、トップイースト3位からチャレンジシリーズまで勝ち進んだ釜石も出場権を獲得したのだった。

トップイーストからプレーオフ、チャレンジシリーズ、そして日本選手権。V7時代も含め、過去に例のない長さとなったシーズン、田村は対戦したあるチームから、「ウチに来ないか」という誘いを受けた。釜石のあるチームメイトがそのチームの選手と知り合いだった関係で、試合後のファンクションで親しくなり、そのチームの雰囲気や環境に惹かれていったのだ。

どこまでリアリティがある言葉だったかはわからない。だが田村はそれを現実的な勧誘と受け取った。ラグビーと仕事の両立に行き詰まりを感じていた田村は、高橋事務局長に移籍志願を申し出た。

ちょっと待て。高橋は驚いた。田村はこれから10年、釜石フォワードを支えてくれる大器だ。それが突然、他チームに移りたいと言ってきても、おいそれと認めるわけにはいかない。

高橋は引き留めた。お前は今年、海外留学に行かせようと思ってるんだ。それを無駄にするのか?

田村は答えた。

「一時のことではなく、将来のことも考えて、ぜひ移籍したいんです……」

結果的に、このシーズンオフの移籍は立ち消えになった。相手企業の採用枠が埋まってしまったらしく「申し訳ないが、この話はなかったことにしてください」ということになってしまったのだ。

釜石で2年目のシーズンが始まった。だが、田村は一度移籍を決意した身だった。気持ちを入れ替えたわけではなく、むしろ隙あらばまた移籍のチャンスを見つけてやろうと思っていたし、周りも自分をそういう目で見ていると自覚していた。春には関東代表でニュージーランドに遠征し、秋には日本選抜に選ばれて香港で開催されたアジア選手権にも出場した。多忙なスケジュールに追われながら、田村は2年目もシーウェイブスのすべての公式戦に出場した。しかしアンガスの去った釜石は、特徴のないチームになってしまっていた。トップイーストは4勝4敗1分けの5位に終わり、前年度とは違ってプレーオフにも進めず、早々にシーズンを終えていた。

セコムからのオファーがあったのは、暮れも押し迫ったころだった。橋渡しをしてくれたのは早稲田大ラグビー部の元監督で、防衛医科大学校助教授の益子俊志《ましことしゆき》だった。以前、自衛隊のラグビー大会で知り合い、釜石へ移籍する際も相談に乗ってくれた人物だった。田村は自分の現状を益子に率直に話し、どこか自分を採ってくれるチームはないかを尋ねた。益子は早大ラグビー部で主将と監督を務め、オックスフォード大学への留学経験も持ち、厚い人望と広い人脈を持ち合わせた人物だった。益子は田村の依頼にこたえ、人脈をたどってプレーできるチームを探した。やがて、トップリーグのセコムから色よい返事があった。

「セコムならチャンスがあるぞ」

益子の持ってきた返答に、田村は二つ返事で答えた。

「トップリーグでやれるんだったら、ぜひお願いします」

前回のことがあったので、今回は極秘に進めた。内緒で面接をすませ、中途採用の試験を受けた。釜石のスタッフや会社の人に話すのは、すべて確定してからにしようと思ったのだ。移籍する決意は固めていても、やはり仲間を裏切るのは心苦しかった。

ヘッドコーチの桜庭は「上でやりたいんです」と言われたときの衝撃を覚えている。桜庭にとって、田村は秘蔵っ子だった。頑健な体格。練習に取り組む姿勢。口数は少なくても内に秘めた闘志。鈍重に見えるプロップというポジションにあって、スクラムを組むときのインパクト、相手とコンタクトするときのスピードは目を見張らせた。上の代表、つまり日本代表を狙える素材だと思ったし、コーチとしてそういう選手を育ててみたいと思っていた。

仕事が厳しいことは知っていた。だがそんな環境にあっても、ラグビーに対して時間を使おうとする真摯な姿勢が田村にはあった。桜庭自身も、現役当時はそういう思いを持って努力を重ねた。素質は若いときから注目されていたが、日本代表のレギュラー選手に本当に定着したのは30歳近くなってからだ。技術やボールゲームのセンスはもとより、体格でいっても自分より才能に恵まれた選手はたくさんいた。だが彼らが皆、自分より優れた

今はセコムでプレーするプロップ田村義和（2003年度日本選手権：04.02.21 関東学院大戦）
撮影：井田新輔

選手として活躍したわけではなかった。ラグビーに時間を使えることは、それ自体が優れたラグビー選手の資質なのだ。田村はまだ26歳。プロップとして才能が開花するのはまさにこれから。その矢先に、自分の手元から飛び出してしまうというのか。

だが「上でやりたい」と言われれば、どうすることもできない。田村は釜石で、自分のもとで2シーズンを戦い続け、それでもチームは上へ行けなかったのだ。

桜庭は悔しさを呑み込んで、「わかった。お前の気持ちを尊重する」と言った。

事務局長の高橋は、新日鉄の契約選手としてラグビーに専念できる環境を用意するから残ってくれと提案した。だが田村はこれも断った。これまでラグビーを続けてきて、プロでやるスポーツではないと感じていたし、そもそもプロになるような実力がないことは自分がよくわかっていた。それに、プロで何年かやれたところで、引退してしまえばその時点でサヨナラだ。そこから先、どうやって生きていけるというのか……。

それに、何より、もう決めてしまったことなのだ。

主将の池村には最後に意思を伝えた。池村とは、関東代表や日本選抜で遠征したときもいつも一緒だった。

お前がそういう気持ちなら仕方ない。オレから言えることは何もない。でも、頑張れよ。池村はそう言ってくれた。

コメントできることじゃないなあ……池村はそう思っていた。キャプテンとして、スクラムハーフとして、スクラムを支える田村の存在の大きさは誰よりもわかっているつもりだった。だが、生活の根幹を支える仕事の問題となると、池村にも口を出せる問題ではなくなっていた。それよりも、ラグビーを続けてくれるのならそのほうが嬉しいと池村は思った。大きな目で見れば、そのほうが日本ラグビーのためになると思い、決意した田村の背中を押した。

清掃企業の社長には「次に行くチームが決まりましたので……」と報告に行った。引き留められることはなかった。「わかった」それが答えだった。

田村義和。シーウェイブス在籍、2003年4月〜2005年2月。公式戦出場24試合。2005年度からセコムでプレー。事務局長の高橋善幸は移籍承諾書《リリースレター》を書いた。

悲運の高速フィニッシャー

田村が去った2005年春。釜石シーウェイブスは大量11人の引退者を送り出した。その中には、多くの釜石ファンを熱くさせた最後の試合、02年度のNEC戦で最後のトライを決めた高橋宏助の名前もあった。

ラグビーではまったく無名の岩手県不来方《こずかた》高でラグビーを始めた高橋宏助は、秋田の東北電力でラグビーを続け、東北電力の活動停止に伴い、ロックの川島和也、センターの松田亮とともに02年8月から釜石シーウェイブスに加わった。50メートル5秒8の豪脚は、並の俊足ランナーでは競りかけることもできなかった。切り札不在のチームに加わった待望の高速フィニッシャーは、その年の大塚刷毛《はけ》戦では1試合6トライを荒稼ぎ。習志野自衛隊戦では途中出場ながら3トライを奪った。「ラグビーは素人」と自他ともに認めるノンキャリアながら、関東社会人リーグ出場4試合（うち途中出場3試合）で10トライを量産した。秩父宮のNEC戦ではハーフタイムからピッチに入り、後半ロスタイムには延べ15人がつないだボールを抱えてインゴールに飛び込んだ。

「釜石らしい、見ていて涙が出てきちゃうような、そんな釜石らしさは見せることができたと思う」。観戦したV7戦士の松尾雄治は、そのトライを目を赤くして話した。

02年度のシーウェイブス最後のトライを決めた高橋宏助は、シーズン終了後の2月には関東代表にも選出され、3地域対抗戦で関西代表、九州代表との試合に出場した。釜石の新時代を担うと期待された豪脚は、日本ラグビーの将来をも担うと期待される存在になった。だが……。03年度、高橋宏助はシーズンを通じ、公式戦出場ゼロに終わってしまう。

東北電力はラグビー部を廃部する際、釜石へ移籍してのプレーを希望する者には岩手へ優先的に転勤させることを約束した。ラグビー部を強化するから、と声をかけて入社を誘った選手もいた。そんな選手が、高いレベルでラグビーを続けたいと思うのなら、その希望を叶えてやろうという配慮だった。釜石への移籍を希望した3人のうち、川島と松田には盛岡勤務の辞令が下ったが、ただ一人釜石支店へ配属されたのが高橋宏助だった。川島

（旧姓・藤原）は法大時代に大学選手権優勝、東北電力入社後も7人制日本代表で活躍、松田は秋田工時代に全国大会ベスト8、専大でも2年のシーズンからレギュラーで活躍したのに対し、高橋宏助は足こそべらぼうに速かったものの、ラグビーキャリアは白紙に近かった。それだけに、釜石への赴任はラグビーに専念する格好の環境のはずだった。

だが、10人の選手が10通りの職場に散らばれば、10通りの事情が生じてくる。すべては個別であり、同じ現実でも受け止め方には10通りの違いがある。そして一つひとつは小さなきっかけでも、選手がラグビーに打ち込む環境は大きな影響を受けてしまう。

03年のシーズン初め、高橋宏助はケガで練習を休んでいた。03年4月に栃木県で行われた東日本都道県対抗の東京戦で足の甲を捻挫してしまったのだ。

本来なら負傷した選手は、復帰に向けてリハビリに打ち込むはずだ。リハビリとは、身体をケガする以前と同じレベルまで回復させることだけを意味するのではない。これからはケガをしないように、以前よりも強靱な肉体をつくり上げ、不安のない状態まで高めなければ、真の復帰とはいえないのだ。だからリハビリは往々にして、ケガをしていない状態で練習するよりも厳しい負荷をかけたものになる。目の前にプレーするチャンスがないときに、どれだけ自分を追い込めるか。それは、いつくるかも知れない復帰のときに、どれだけのパフォーマンスを見せられるかに直結する。

だが、選手はプロフェッショナルでない限り、仕事を持つ社会人でもあった。高橋宏助は、普段は職場に配慮してもらって練習に行かせてもらっているのだから、練習できないときは仕事を優先しなければと思っていた。高橋の職場は課長以下総勢7名の部署だった。1人が抜ければ残りの6人にそれだけ負担がかかる。リハビリは、何もチーム練習の時間にかけつけて行わなくても、仕事が終わった後に自分で時間をつくって取り組めばできるはずだと考え、そう自分に言い聞かせた。

だが、実際にフルタイムで職場にいるとなると、自分でリハビリに取り組む時間を確保するのもままならなかった。自分が残っても仕事はなかなか片づかない。そんな職場の現実を目の当たりにすると、なおさら職場を抜けられなくなった。他の人が休日にゴルフや釣りに出かけるように、ラグビーは自分の趣味にすぎないんだから……高橋はそう自分に言い聞かせて残業に打ち込んだ。それは深夜までおよぶこともあった。

そして高橋は、他の若手選手と異なり、松倉グラウンドに隣接する新日鉄白鵬寮には入っていなかった。釜石に、東北電力の寮があったからだが、その恵まれた環境は、この場合に限っては裏目に作用した。他の選手と一緒の寮に住んでいれば、練習に出られなくても顔を合わせ、コミュニケーションがとれる。寮の隣にはクラブハウスとウエートルームがある。帰りが遅くなっても、ウエートルームに灯りがついていて、たとえば田村のような選手がマシンと格闘している姿を目にしたなら、自分もトレーニングに取り組もう、ケガが治ったときのために強くなろうという気持ちが湧き上がったかもしれない。

高速フィニッシャーとして活躍したウイング高橋宏助

だが、職場も住まいも他のチームメイトと離れていた高橋宏助の場合は、ケガで練習にも出られなくなったとき、シーウェイブスと自分を結ぶ回路は遮断されてしまったのだ。

長引いたケガが治ったとき、シーズンはすでに佳境を迎えていた。今からじゃ、ちょっと入っていきにくいなあ……心にためらいがあった。２００３年度のシーズンは、リザーブのジャージーさえ一度も着ることなく終わった。日本選手権で関東学院大と対戦した秩父宮ラグビー場では、選手たちの輪から少し離れたところで所在なく立っている高橋の姿があった。

翌04年度。高橋宏助は心機一転、再挑戦の意欲を胸に新しいシーズンに臨んだ。だが5月の関東学院大戦で、再び足を痛めてしまった。

リハビリとは、とてつもない精神力を要求される。それゆえ、自分一人で行うのには限界があり、トレーナーという介助者が必要とされるのだ。この場合の介助者とは、優しく接するための存在ではなく、妥協を許さず厳しさを課す存在である。その役目は専門知識を持った専属トレーナーが務めることもあれば、チームメイトが果たす場合もある。そうした第三者の監視、介助なしに取り組むリハビリには自ずと限界がある。厳しくいうなら、リハビリの不徹底が、復帰後もまたすぐにケガを負ってしまう負のサイクルを招いてしまったのかもしれない。

04年度。高橋宏助は、盛岡で行われたトップイーストの栗田工業戦に後半22分から途中出場したが、再び負傷。以後はリザーブのジャージーを着ることもなく、わずか20分足らずのプレーで公式戦のシーズンを終えてしまった。そしてそのまま、シーウェイブスにも別れを告げてしまった。

凍りついたグラウンド

それは高橋宏助だけの話ではなかった。むしろ、シーウェイブスを覆う深刻な問題を象徴していた。

クラブ化は多くの新戦力をチームにもたらした一方、退部者も激増した。クラブ化元年の01年度は12人の新人を迎え、1年後に13人がチームを去った。翌02年度は7人が加わり、1年後に6人が去った。03年度は加入8人に対して退部11人。04年度は12人が加入し、1年後に同じ数だけがクラブを去った。05年度は7人が加わり、9人が去った。01年からの5年間でクラブには46人が加わり、51人が別れを告げた。うち10人は、1シーズン在籍しただけでクラブを去っていった。06年には、シーズンイン前の6月に退部してしまう者さえ現れた。

何のためにクラブに身を投じたのか。東北道をひた走り、仙人トンネルを越え、奈落に落ちそうな急坂を下り、釜石までやってきたのか……ファンはそう嘆いてしまう。新日鉄にしても他の企業にしても、貴重な採用枠を捻り出して職場を提供して選手を迎えたのに……。

だが、去っていく選手ばかりを責めることはできない。高橋善幸をはじめ、シーウェイブスのスタッフは、そうも感じていた。

クラブ化に伴い、メンバーの職場は広がった。職業選択の自由とプレーする権利は両立する。意思のある者ならどこに住んでいてもクラブに参加できる。オープンクラブの未来はバラ色のはずだった。だが人口4万人の町に大きな職場は多くない。まして、ラグビー選手の採用は、週末の休みを前提としている。休日の業務が中心の量販店など接客業は、いくら採用規模が大きくても考えにくい。釜石の民間企業が受け入れられる採用枠にはおのずと限界があった。

新日鉄の時代は、選手を迎える職場側にノウハウの蓄積があった。それは、練習や合宿で職場を留守にしても「派遣」や「業務」などの名目で出勤扱いにするような制度の話だけではなかった。中でも職場の空気は、選手がケガや病気をしたときにはいつも以上に大切になる。治療やリハビリに向かう選手が後ろめたい気持ちを持っては、その効果さえ半減する。まして、高校を出たての18歳や19歳の選手ならば、親元を離れ、未知の土地で生活を始めただけで心身は不安定になっている。新しい生活のリズムそのものに慣れていない。グラウンドに出ても先輩たちのレベルに達せず、普段支えてくれる人たちの応援に試合でこたえる恩返しもできない。そして、そういうときこそ練習に熱を入れなければならないのに、練習へ行きにくい雰囲気がもしもあったら……少なくとも、選手がそう感じてしまう雰囲気があったとしたら。

「期待と現実に挟まれて、苦しい思いをした人間もいたと思います。希望を持って、志を持って、ラグビーに純粋に取り組むつもりで来てくれた子が多かったと思う」

ヘッドコーチとして選手たちに接してきた桜庭は言った。

「厳しい言い方をすれば、簡単に諦めすぎるんじゃないか？　と言いたくなるような思いもあった。でも、仲間がいれば多少は違ったんじゃないかとも思う。そこを自分たちが支えてあげられれば良かったんですが。一人で県外から来て、一人で知らない人ばかりの職場に飛び込んで……難しかったと思います。周りを見れば、もっといい処遇で来てるように見える選手もいる。そういうのを見れば、どんな気持ちになるか……」

桜庭が率いたシーズンは4年間にわたった。

1年目の2002年度はアンガスを迎え、川島和也や高橋宏助を迎え、チームは活気にあふれていた。桜庭自身もフレッシュだった。まず一つ、どこにも負けないものをつくろう。それを幹に据えてラグビーを組み立てよう――桜庭はチームの幹に「走ること」を据えた。シーウェイブスは関東社会人リーグで圧勝に次ぐ圧勝を続けた。しかし、トップリーグ参入権を争う全国社会人大会への代表決定戦でNECと戦い、完敗した。

「ラグビーの本質の、ボール争奪のところで力負けしました」と桜庭は振り返る。

その試合後、アンガスは「NECは東日本の7番と違うよ」と苦笑した。事実、NECは前年の全国大会ベスト4。東日本リーグでは箕内主将の故障欠場など不測の事態が重なって7位に落ちていたが、この試合の2カ月後には無敵を誇ったサントリーを破り、日本選手権初優勝に輝くのだった。現実的に考えれば、NECはシーウェイブスが目標にするにはレベルの高すぎる相手だったかもしれない。

だが桜庭はヘッドコーチに就任する際「もう一度、日本一を目指そう」と選手たちに呼びかけて、新しいシーズンをスタートさせていた。肌で味わった頂点の実力を、次の自分たちの目標に据えないことはできなかった。

2年目の2003年度。桜庭ヘッドコーチは「走る」ことに加えて「力強さ」をテーマに掲げた。だが、強さを求めれば求めるほど、走るというアイデンティティは薄れてしまった。

「走ることには前の年の貯金があった。あとは、強さの面をこれだけやれば……と思った。でも、その見積もりが甘かった。バランスは良かったけれど、チームのカラーがどっちつかずになってしまった」

前年は、走り勝つというテーマがチーム全体を貫いていた。どれだけ劣勢に立たされても、走力だけはどこにも負けない、だから後半の後半には必ず流れが釜石にくる。チームはそれを信じて戦うことができた。

だが、限られた練習時間をパワーアップに割けば、走るトレーニングに費やすエネルギーはどうしても減ってしまう。選手の意識にも、力勝負を挑みたい野心が芽生えてくる。手に入れた武器は、どうしたって使いたくなるのだ。

さらにこのシーズンは、関東社会人リーグのシステムにも変更が加えられた。トップリーグの発足に伴い、それまでAＢの2ブロックにわかれていた関東社会人リーグは「トップイースト」として統合された。両ブロックの上位チームが集まったところへ、さらに東日本リーグからトップリーグ入りを逃した日本ＩＢＭが降りてきた。そのレベルは、パワー重視にシフトして間もない釜石が圧倒できる域ではなかった。だが前年の看板だった走力でも、圧倒できるアドバンテージは失っていた。シーウェイブスはトップイーストでＮＴＴ東日本と東京ガス、日本ＩＢＭに敗れ3敗を喫した。同じ6勝3敗で並んだＮＴＴ東日本が、最終節の三菱重工相模原戦で勝ち点0に終わったため、辛うじて3位に滑り込んだ。ＮＴＴが4トライを取るか、7点差以内の接戦で勝ち点を1でも取っていたら、11月9日の直接対戦で敗れていたシーウェイブスはシーズンを終えるところだったのだ。

誤算はそれだけではなかった。最も深刻な影響を与えたのは、トップリーグ発足に伴うシーズンの長期化だった。試合数が増えたことは構わなかった。問題だったのは、増えた分の試合が行われる季節だった。トップリーグとの入れ替え戦出場をかけたトップチャレンジは、1月中旬から下旬にかけて行われた。

「練習ができませんでした」

桜庭は乾いた声で笑った。声には悲しみも怒りも含まれていない。

季節は1年で最も寒い時期を迎えていた。岩手県の太平洋側に位置する釜石は、真冬でもそれほど雪は積もらない。そのかわり、ひたすら寒い。しかも、沿岸から5キロほど内陸に入った松倉グラウンドは、「市内よりも2～3度くらい低い」（桜庭）。西には『日本のチベット』とも称される北上山塊。標高1341メートルの五葉山《ごようざん》から甲子川の谷を奔り抜ける冷たい風が一直線に吹きつける。わずかに積もった雪は昼間の日差しを受けて溶け、陽が落ちるとカチカチに凍ってしまい、芝のグラウンドはスケートリンクと化す。

「多少凍っても、何とかできるだろうと思ってたんですが……ダメでした」

桜庭はいろいろなことを試してみた。あるときは、気温が高い昼間にスプリンクラーを回してみた。氷よりも水のほうが暖かいから溶けるんじゃないかと思ったのだ。すると、スパイクが少し引っかかるようになった。だが、もったのは練習が始まる最初の時間帯だけだった。少しでも気温が高いうちにと練習を6時スタートにしてみたが、緩んだ氷は再び凍り始め、すぐにスパイクは刺さらなくなり、7時過ぎにはカチカチになった。選手はまともに走れず、すぐにバランスを崩して転んだ。転べばコンクリートのように堅く凍ったアイスバーンに全身を打ちつける。気温はグラウンドレベルでマイナス5～6度。指先がかじかみ、筋肉は縮こまっているところに衝撃を受ければ、ケガにも見舞われる。グラウンドが使えないならとロードワークに切り替え、山のほうへ走っていくとさらに厳しい冷気に襲われた。路面は凍りつき、身体はもうもうと蒸気に包まれた。気温はマイナス10度。わずかでも立ち止まると、体温が一気に奪われていくのがわかった。「大変」の域を超え、もはや「危険」の領域に入っていた。

「厳しい条件でも練習することが自分たちの強さになる。最初はそう思いました。いい機会だとも思った。極力安全を確保して、この条件でも練習をやろうと。もちろん、それが自分たちの力になった面もあったと思う。だけど、それはどうしたって実戦とは違うもの。形だけの練習になってしまうし、とにかく危険でした」

桜庭は北国・秋田の生まれだ。母校の秋田工業高は全国高校ラグビー最多16度の優勝を誇り、数々の名選手を送り出してきた。秋田は釜石よりさらに北に位置している。

「でも雪は大丈夫なんですよ。スパイクが利きますから」

日本海側の秋田は豪雪地帯だが、雪が積もるぶん、アイスバーンとは無縁だった。もちろん冷たいし、寒い。積もった雪はいつまでも柔らかいわけではない。堅く締まり、表面は凍る。それでもスパイクの爪は十分に刺さった。炭でグラウンドにラインを引けば、ラグビーはできた。雪の上を平気で走り、スクラムを組み、セービングに飛び込んだ。

だがアイスバーンでは……スケート靴を履いてラグビーするわけにはいかないのだ。

「もちろん、日程が決まったときから寒さのことはある程度予想してたし、覚悟もしていた。ただ、その時期に釜石でラグビーをすること自体、未体験ゾーンでしたから」

かつてのV7のころ、ラグビーシーズンは1月15日にフィナーレを迎えていた。釜石はすでに厳寒の時期である。東日本リーグから陥落した2000年度も、チャレンジリーグ最終戦は2月4日まで続いた。だがそのころは事情が違っていた。選手たちは全員が新日鉄釜石製鉄所に勤務していた。グラウンドが凍り始める12月には厳寒の釜石を離れ、東京・国分寺の、現在は早稲田実業小・中・高校の敷地となっている新日鉄グラウンドで、全国大会に向けた合宿に入るのが恒例だった。合宿から釜石に帰ることは、シーズンが終わったことを意味していた。だから選手たちは、厳寒の釜石で練習することはなかったのだ。

事情は、クラブ化で大きく変わった。

新日鉄だけでなく、多くの職場に散らばる選手たち全員が、半月もひと月もまとめて休んで合宿することはあり得なかった。何しろ普段の練習にさえ、15人集まるのがやっとなのだ。シーズン佳境を迎えた真冬のゲームでも、選手たちは秋口の試合と同じように試合後は東北新幹線に飛び乗り、氷点下の仙人峠を越えて釜石へ帰り、翌朝には仕事に出た。夜には松倉グラウンドへ向かった。だがそこで待っているのはカチカチに凍りついたピッチだった。

そんな中で貴重な、厳寒の釜石を抜け出して行った待望の合宿は、選手たちの職場が揃って休みになる正月休みに決行された。だが福島県いわき市で行われたその合宿で、大黒柱のアンガスは膝を痛めてしまうのだった。トップリーグとの入れ替え戦を目指したチャレンジシリーズでは、トップキュウシュウ2位のコカ・コーラ・ウエストジャパン（現・コカ・コーラウエスト）を1点差で破ったものの、トップウエスト2位の豊田自動織機には15対60で大敗した。アンガスは膝が治りきらないままで前半28分からピッチに入ったが、相手に傾いた流れを変えることはできなかった。新しいシステムで行われた日本選手権には出場を果たし、東海大を破ったが、学生王者の関東学院大には終了直前に逆転負けを喫し、シーズンは終わった。

そして、アンガスとトロケ、さらに釜石スクラムを最前列で支えた前主将の青山敦司とフッカー河野朗、元トーヨコの小田島康人や元岩手東芝の佐藤誠ら、クラブ化で釜石に加わりチームを支えた選手たちが、このシーズンを最後にチームを離れた。結局は叶わなかったものの、プロップの田村もこの時期、釜石を離れようと画策していた。

夢の季節は過ぎたのだろうか……。

続く2004年度は、トップイーストで4勝4敗1分けの5位。3位までが進めるプレーオフへの出場権も得られず、釜石のシーズンは終わりを告げた。この年、田村がチームを去り、アンガスが連れてきたマクドナルドがオーストラリアへ帰り、クラブ化1期生のプロップ高橋竜次とセンター川原太一が去り、高橋宏助が選手生活続行を断念した。フォワードの核弾頭として、日本選抜や関東代表でも活躍した暴れん坊ロック仲上太一も戦力外通告を受けて引退した。新日鉄釜石時代からバックスのエースと期待され続けたセンターの越前谷大樹は郷里の秋田に職を得て、新たに誕生したクラブ・秋田ノーザンブレッツへ移籍した。ノーザンブレッツには、2年前にシーウェイブスを引退した川上淳も在籍していた。川上は、シーウェイブス最初のシーズンのラストゲームとなった名取のブルーシャークス戦で、膝を痛めた池村に代わって出場したスクラムハーフだった。

39歳の現役復帰へ。桜庭の決断

2005年度。櫛の歯が抜けていくようなチーム状況。夏合宿で、桜庭は自ら現役に復帰することを決意した。シーズンが開幕する時期には39歳の誕生日がやってきた。

現役に復帰した理由は、いくつかの要素が絡まり合っていた。

人が足りない。クラブの名簿には多くの名前があっても、練習に選手が集まらない状況は相変わらずだった。練習に集まった選手から試合のメンバーを選ぶ原則を貫こうとすれば、試合に出る選手が足りなくなる。だからといって、練習に来さえすれば試合に出られるところまで敷居を下げたくはない。練習に厳しさを注入する方法を考え抜いた結果、桜庭は自身がプレーヤーとして練習の輪の中に加わることを決めた。

幸い、トレーニングは引退後も続けていた。

秋田工業高2年で野球部から移ってラグビーを始めて以来、桜庭はトレーニングを欠かしたことがなかった。身体に染みついた生活習慣は、プレーヤー生活にピリオドを打っても変わっていなかった。

桜庭は、日本代表キャップ43を積み重ねた経験を伝えるべく、再びジャージーを着た。39歳の元日本代表ロックは、開幕戦となった盛岡南公園球技場での明治安田生命戦で、4年ぶりの再デビューを果たし、後半5分まで出場。29対21の厳しい試合だったが、チームの勝利に貢献した。続く横河電機戦にはリザーブから途中出場。日本IBM、NTT東日本に連敗したあとの日本航空戦では、脚に肉離れを起こして欠場したが、格下の相手に19対29の完敗を喫した。

続く三菱重工相模原戦。桜庭は肉離れの治りきらない脚のままで先発に復帰した。顔面から出血しても、背番号5は素早く止血してピッチに戻った。39歳の献身的なプレーは、釜石フォワードの中では際だっていた。味方が相手選手のタックルを受けて密集ができれば、素早く駆けつけて強く当たり、相手を押しのけ、味方のボール出しを助ける。ボールが出ればすぐに起きあがり、次のポイントへ走る。味方が相手にタックルすれば密集が形成されるより早くそこへ駆けつけ、ボールを確保している相手選手に腕や肘を絡ませる。相手のボールを奪い、奪えなければボール出しを遅らせる。地道な作業の一つひとつに、日本代表で積み重ねた幾多の経験が映し出される。両チーム最年長のロックは、脚の痛みをこらえ、後半35分に退くまで奮闘し続けた。ピッチを去る桜庭には、観衆から、形容しがたい暖かさを伴った拍手が贈られた。いいものを見せてもらいました。そんな声が聞こえてきそうな拍手だった。

だが、桜庭にとってそれは、自身がイメージする自分のプレーではなかった。

「やっぱり時間をかけて準備しないとつまんないですね」

桜庭は、涼しげな顔で振り返った。

「ごまかすわけじゃないけど、何となくはできるけど、しっかりしたプレーはできない。甘いもんじゃないと、改めて思いましたよ。

年齢の問題だとは思いません。時間と情熱があればできないことはないと思う。ただ、それだけ準備しないと、納得できるプレーはできない。だから楽しくない。でも結局、時間ってのは情熱と一緒ですから。

もともと、自分は練習してナンボの選手ですからね……」

結局、そのシーズンの成績は前年の5位をも下回り、トップイースト10チーム中8位に終わった。桜庭は残る2試合にも先発のジャージーを着た。22対22で引き分けたブルーシャークスとの一戦では、止血で一時退場してもピッチに戻り、試合終了まで身体を張り続けた。そしてシーズンが終わると桜庭はジャージーを脱ぎ、ヘッドコーチの座も退いた。

悔いが残ることはありますか。

39歳で現役に復帰した桜庭吉彦（2005年度トップイースト10：05.11.27　三菱重工相模原戦）

そう聞くと、桜庭は答えた。

「4年間ヘッドコーチをやらせてもらったけど、4年間で選手全員が集まったことって一度もなかったんです。試合、練習、それ以外の行事も含めて。

それが、残念でしたね」

桜庭吉彦。1985年~2001年、ヘッドコーチ専任の3シーズンをはさんで2005年、コーチ兼任で現役に復帰。19歳から39歳まで釜石フォワードを支え続けた。実働18シーズン。釜石ラグビー史上最も長い間、最も多くの試合に出場したプレーヤーだった。

【2004年度公式戦戦績】

《トップイースト10》

9月5日 ○45対12日本航空（秋田八橋球技場）

9月19日 ○35対22ブルーシャークス（岩手県営運動公園陸上競技場）

9月25日 ○38対25栗田工業（盛岡南公園球技場）

10月10日 ●5対44三菱重工相模原（北上総合運動公園陸上競技場）

10月23日 ○38対36東京ガス（盛岡南公園球技場）

11月7日 △33対33明治安田生命（盛岡南公園球技場）

11月14日 ●23対34セコム（熊谷ラグビー場）

11月28日 ●35対44横河電機（秩父宮ラグビー場）

12月12日 ●30対44NTT東日本（熊谷ラグビー場）

総合成績　4勝4敗1分（勝ち点24）5位

—仙人峠を越えて

第4章 情熱

やってきた男。26歳、無職

5月の連休が明けるころ、岩手県の山野は一年で最も美しい季節を迎える。たおやかに横たわる山々のすべてが、色とりどりの若葉に彩られる。

岩手県は、北海道を除く日本の46都府県の中で最大の面積を持っている。1万5278平方キロメートル。東京都なら7つ、大阪府なら8つも入ってしまう広さの7割以上は山林、田畑、原野であり、そのすべてが、一斉に芽吹く新緑に覆いつくされる。

2004年5月。新緑萌える岩手の大地を、福岡ナンバーのホンダ・アコードワゴンが走っていた。運転する男は、美しい周囲の景色も目に入らぬように、傍らの携帯電話を取り上げては舌打ちをした。

また圏外だよ。ホント、大丈夫かよ……。

周りはすべて山また山。万が一のときには命の綱になるはずの携帯が、圏外になってしまうのでは何の役にも立たないではないか……不安に取りつかれた目には、新緑に彩られた美しい山さえ、不安を煽るものでしかなかった。

ようやくコンビニエンスストアを見つけた。

やれやれ、助かった……コンビニに入り、そう呟きながらトイレを借りた男は、すぐまた「うお！」と驚きの叫びをあげた。

ボットン式かよ！

こんなトイレを使うのは一体いつ以来やろう……。

そして再びクルマを走らせる。それにしても、いったいいつになったら着くんやろう。高速を降りてからこんなに長い距離を走るなんて初めての経験だった。男の郷里は滋賀県甲賀郡水口《みなくち》町（現在の甲賀市水口町）。鈴鹿山脈の山々を仰いで育ったが、これほどクルマを走らせても山また山の景色が続くのは初めての経験だった。

クルマはやがてトンネルに入った。何という圧迫感だ。暗い。幅が狭い。対向車が近い。大型トラックとすれ違うときには強烈な風圧を受け、ハンドルを取られそうになった。こんなトンネルは初めてだ。ヘッドライトに照らされたトンネル内壁に、時間を感じさせる染みが浮かび上がる。

薄暗い中を何分走っただろう。トンネルを抜けると、今度は突如として道路が真っ逆さまに落ち始めた。急カーブが連続する。どれだけのクルマを転落の危機から救ったのか、ガードレールがボコボコに歪んでいる。道の先には見えるのはやはり山また山だ。

この先に、本当に町なんてあるんやろか？　男は呟いた。ゆうべ、仙台のビジネスホテルで泊まっといて良かったなあ。スピードを落とし、次々と現れる急カーブを慎重に通り抜けながら、男はそう思った。夜中にこの山道を通ったら、間違いなく崖から落ちていたな。

やがて道は平坦なところに出た。徐々に民家が増え、商店が増えてくる。傍らの携帯を取り上げると圏外の表示は消え、アンテナが3本立っていた。ハンドルを握ったまま、男は深い息をついた。

助かった。

そろそろ町の中心が近づいてきたかな、と思いながら、男はクルマを走らせた。地方都市にはたいてい、郊外型の大型スーパーか何かがあるものだ。そんなのが出てきたら一休みして、コーヒーでも飲んで、一息ついたらラグビー部の寮に電話しよう。

だが、そんなことをぼんやり考えているうちに、また周囲の商店も民家も少なくなってしまった。

もしかして、もう町を過ぎちまったのかよ……。

男はクルマを止め、シーウェイブス事務局の高橋善幸事務局長に電話した。周囲の景色を話し、近くの看板を話すと、電話の向こうの高橋は答えた。

行きすぎてるよ。

やれやれ。もうこの日何度目かわからないため息をついて、男はクルマの向きを変えた。でも、やっと釜石に着いたんだな、という実感が湧いてきて、ハンドルを握ったまま、少し頬が緩むのを感じた。

西田登喜《とき》。26歳。無職。釜石シーウェイブスの一員になった日だった。

その3カ月前、西田はトップリーグの福岡サニックス・ボムズ（現・福岡サニックスブルーズ）から戦力外通告を受けた。
滋賀県生まれの西田は、奈良県の天理教校附属高校でラグビーを始め、天理大を経てサニックスに入社していた。天理大時代は関西大学Bリーグ。1年のときの4年生には、当時から日本代表だった八ツ《やつ》橋修身《はしおさみ》（現・神戸製鋼）がいたが、代表の合宿などが忙しく、日本代表フルバックは天理大の練習にはめったに現れなかった。西田は大学4年になった1999年の春、サニックスに進んでいた天理大OBに「ウチに来ないか」と声をかけられた。

　サニックスは1990年代に入ってから強化を始めた。ナンバーエイトのジェイミー・ジョセフとスクラムハーフのグレアム・バショップ、ラグビー王国ニュージーランドでは知らぬ人のいない英雄2人を1995年に獲得し、彼らを看板に1997年には西日本社会人Aリーグに昇格。西田が勧誘された99年は、西日本社会人Aリーグで初めての優勝を飾ることになるシーズンだった。

　九州かあ……関西から出なアカンのか……。

　最初は乗り気ではなかった西田だが、打診してみた関西地区のチームからは色よい返事がもらえなかった。そうこうしているうちに、練習にも行かないうちにサニックスは内定をくれた。ラグビーを続けるには、他の選択肢はなかった。サニックスへは一般社員での入社だった。2000年春、西田は福岡のサニックスに加わった。前年の99年に西日本リーグ初優勝を飾ったサニックスは、以後毎年優勝を飾る常勝チームになった。西田は入社3年目の02年、スタンドオフとしてリーグ戦のほぼ半分の試合に先発で出場した。リーグ戦の後半は先輩のスタンドオフにポジションを取り返されたが、全国社会人大会では先輩スタンドオフのケガもあり、3戦目、関西社会人リーグ6位の豊田自動織機との試合に先発。サニックスにとって、この大会で唯一となる勝利に貢献した。

この大会は、翌シーズンに始まるトップリーグへの参入権がかかっていた。このシーズンの釜石は、東日本リーグで7位と低迷したNECと出場決定戦を戦い、敗れていた。サニックスは東日本のサントリー、関西のヤマハ発動機とともに、西日本リーグで優勝した時点で翌年のトップリーグ参入権を獲得していたが、それは九州という地域振興目的の特別枠で入れただけと見る目も少なくなかった。だから、全国社会人大会で関西リーグ6位の豊田自動織機を破った事実は、サニックスにとってとても大きな意味を持っていた。もしも関西6位に負けてしまうようなら、そんな西日本1位にはトップリーグに入る資格はない……そんな声があがることは火を見るよりも明らかだったからだ。

西田は、そういう重要な勝利に貢献した選手だった。

翌2003年。トップリーグの始まるシーズンを前に、サニックスの選手は会社から、雇用形態の選択を迫られた。それまでの一般社員、つまりアマチュアのままで会社に残るか、契約社員という名のプロになるかだ。プロになれば一日のすべてをラグビーに費やせるうえ、手取りの給与もあがる。引退後の生活を保証するものはないが、サニックスはシロアリ駆除という特殊な業務を中心とする会社だ。引退しても会社に残りたい人は少ないだろうな……と西田は思っていた。九州外からやってきた選手が多かったこともあるだろう。選手のほぼ3分の2はプロ契約を選択したという。

だが、西田はアマを選択した。

西田の職場はサニックス本社の研修センター。業務は新規採用者に向けた研修の講師だった。西田は引退後も会社に残ろうと考えていたわけではなかったが、昼まで仕事、午後はラグビーという生活がそれなりに気に入っていた。仕事でリフレッシュできることも感じていたし、一日中ラグビーをする生活がどんなものなのか、うまく想像できなかった。

だがトップリーグ1年目のサニックスで、西田が試合に出るチャンスは多くなかった。

新しいヘッドコーチのアラン・ペネは、トップリーグに入れなかったことでラグビー部を廃部した鐘淵《かねがふち》化学から移ってきた。同じように、プレーする場を失った何人かの選手が、鐘淵化学からサニックスに移ってきた。その一人、上田豊が開幕からサニックスのスタンドオフに座った。シーズン途中からは、ニュージーランドから新たに来日したデミアン・カラウナが入った。西田の試合出場はわずか3試合。うち2つは試合の大勢が固まった、ラスト5分ほどの出場だった。サニックスは1年目のトップリーグで最下位に終わり、トップキュウシュウ（旧・西日本リーグ）に自動降格となり、西田はチームから戦力外の通告を受けた。

プレーヤーとしては戦力外。スタッフとして残ってほしい——チームからはそう言われた。だが西田は「無理です」と断った。ラグビーをやりたくて九州まで来たのに、ラグビーのグラウンドに立っていても練習できない立場になるのは辛すぎる。生殺しは勘弁してくれと思った。

契約社員ではないから、会社に残ることは可能だった。だが西田は、すぐに退社を決意していた。年齢は26歳。大きなケガもなく、自分はまだまだプレーできると思っていた。

「先輩のところで、オレを採ってもらえませんかね」

戦力外通告を受けた翌日、西田は大学時代の先輩に電話して聞いた。そのチームは地元の滋賀からも近い近畿・東海エリアに本拠を持ち、トップリーグ昇格を目指していた。話してみるよ。その返事を頼りに、西田は自分のプレーのビデオを送った。当初、話はうまくいきそうな感触だった。だが、2月では話が遅すぎたようだ。4月になってから、「ゴメン。やっぱりダメだった」という連絡が入った。

サニックスをすでに退社していた西田の身柄は宙に浮いてしまった。

西田は滋賀県の実家に戻っていた。家の近所の坂道をダッシュしたり、ロードワークをしたり、天理まで出向いて高校生や大学生と一緒に練習したりして、次の行き先が決まるのに備えていた。自分はチャンスをもらおうとしている身だ。果報を寝て待つわけにはいかないのだ。行く先のなくなった西田は高校や大学の恩師に連絡し、自分を採ってくれそうなチームはないかを尋ね回った。恩師たちは心当たりを探してくれたが、すでに新年度がスタートしており、色よい返事はなかった。

どこにも行き場所がない……追いつめられた西田が次に連絡した相手は、サニックスでチームメートだったプロップの武藤恵介だった。

武藤は2000年度まで新日鉄釜石でプレーし、01年度にサニックスへ移籍していたが、やはり戦力外となり、釜石に戻っていた。西田とはサニックスに入ったのが一緒だったこともあり、ポジションは違っても仲が良かった。そのうえ、クビになったのも一緒だった。武藤は西田のことを気にかけ、時折「チームは決まったか?」と電話をくれた。

「ダメでした。僕も釜石行こうかなぁ」

返事は素っ気なかった。

「何もないところだぞ。仕事もないぞ」

武藤は岐阜県の出身だが釜石は古巣であり、妻も釜石の人だった。サニックスを戦力外になってすぐ出戻りを考えるのも自然な成り行きだった。03年度で青山前主将が引退した釜石にとっても、プロップの補強は緊急課題であり、職場も旧新日鉄の敷地にある関連会社のサンシン企業に即決していた。

武藤が「オレはシーウェイブスでやるから」と言ったとき、西田は「誰でも入れるクラブなんですか?」と尋ねた。武藤は、ある程度ラグビーできたら大丈夫じゃないかなあと答えたが、お前も釜石へ来いよという言葉は発してくれなかった。

だが他に行くあてはなかった。西田は釜石の桜庭ヘッドコーチに手紙を書いた。こういう事情でチームを戦力外になりました。でもラグビーをやりたいんです……数日後、桜庭から電話がかかってきた。西田は心臓が脈打つのを押さえながら受話器を握った。

初めまして。スイマセン、突然に手紙を送りつけてしまいまして……。ワケわからんような者《モン》なんですけど、釜石でラグビーやりたいと思うんです……。

ダメ、とは言われないだろうとは思っていた。4月から加入した新人でも、まだ職場が決まっていない選手もいることは聞いていたからだ。幸い、サニックスでの4年間のサラリーマン生活で、ある程度の貯えはあった。もしも職が見つからなかったら失業保険をもらって職業訓練校にでも通えばいいさ……。

そんな、楽観と悲観が混じり合ったイメージは、すべて現実となった。

桜庭と釜石シーウェイブスは、見も知らぬ西田を受け入れてくれた。

釜石へ行く、と言うと、母は「そんなとこ、よう知らんけど寒いからやめときぃ」と言った。西田自身、東京より北の地理は知らなかった。サニックスの夏合宿で北海道の網走へ行ったことはあったが、飛行機で飛び越えた東北地方がどんな土地なのかは考えたこともなかった。

クルマがないと生活できないだろうとは見当がついた。だからサニックス時代に乗っていた自分のクルマで行こうと思ったが、滋賀から岩手まではいくら何でも遠すぎるだろう。西田は名古屋から仙台までフェリーがあることを知り、片道21時間、船に揺られて仙台へ向かった。仙台に着いた日はビジネスホテルで一泊し、翌日、東北自動車道を経由して釜石を目指した。

仕事は見つからなかった。だが、そのくらいのことは覚悟していた。西田は動じなかった。最初はシーウェイブス事務局で、「ビックリするくらいの」慎ましい時給でアルバイトに就いた。次に職業安定所へ行き、失業保険をもらえる3カ月間は職業訓練校に通った。失業保険が切れると、釜石市立図書館の臨時アルバイトの職を得て、古い本や8ミリフィルムの整理に従事した。ここの雇用期間は3カ月で終わった。次にありついたのは市役所の臨時職員。公民館で初心者向けパソコン講習会の講師を務めるのが仕事だった。広報紙での呼びかけに応じて集まったおばちゃんたちを相手に、西田は

「パソコンはこうしてスイッチを入れます。これを起動といいます」

「家にワープロがある方もいらっしゃいますよね。ワードというのはパソコンで使うワープロです」

などと言いながら、パソコンを使って見せた。実は西田自身、パソコンの指導法は職業訓練校で身につけたばかりのものだった。

釜石での新生活は驚きの連続だった。

西田が住んだのは、松倉グラウンドの目の前にある新日鉄白鵬寮。新日鉄以外のシーウェイブス選手も、独身者はここに住んだ。寮で一緒になった若い選手と、練習後に町に出る……しかし、若いもんが気軽に入れそうな居酒屋は「つぼ八」が一軒あるだけだった。繁華街っぽい一帯には時代を感じさせるこぢんまりした店が並んでいて、「一見さんお断り」と言われそうな敷居の高さを感じた。

ところが、見知らぬ町にやってきたはずなのに、ここではいつの間にか自分を知っている人が増えているのだった。シーウェイブスの試合に出ると、試合後のファンクションでファンに声をかけられる。まもなく、町で仕事をしていても、スーパーで買い物をしていても「シーウェイブスの西田さんでしょ」と声をかけられるようになった。

はい、そうですが……そう答えながら、胸の内では「馴れ馴れしいなあ……」と苦笑していた。企業チームにいたときは、選手以外にファンクションに出てきて声をかけてくるのは会社の人くらいだった。だが地域に開かれたクラブでは、町の普通の人がクラブを支えている仲間なのだった。お節介に感じることもあったが、その構造は、外から来た者を助けてくれもした。

西田が驚いたのは、まだ住民票もつくらないうちに銀行に口座を開設できたことだった。大丈夫だから、と言われて銀行に行き、半信半疑で「来たばかりで住民票もないんですが、口座つくれますか」と聞くと、窓口の女性は笑顔で頷いた。

「シーウェイブスでしょ。若い人が来るのはだいたいシーウェイブスだからねー」

町に飲みに出て、生ビールを頼むと、妙に泡の少ないジョッキが運ばれてきた。店員の顔を見ると、目が照れくさそうに笑っている。その分、中身がたっぷり注がれているのだと気づいた。例の敷居の高そうな一帯も、先輩に連れられて入ってみると、不思議と居心地が良かった。その一帯は飲んべえ横丁といった。かつて製鉄所が24時間フル稼働し、三交代の仕事を終えた工員たちを慰撫する飲み屋も24時間フル稼働していたころから続いている店ばかりだった。

そんな人たちに、シーウェイブスで来たと言うだけで、これほど信用され、助けられてしまうとは……。これが、ラグビーの町っていうことなのか。西田は思った。

西田が釜石にやってきた2004年5月、サポーターの間からも新しい動きが始まった。職業の決まらない選手がプレーに打ち込めるよう少しでも協力したい——そう思ったサポーター有志が「釜石シーウェイブス支援会」という組織を立ち上げ、募金活動を始めたのだ。ほとんどは試合会場に置かれた募金箱に投じられた、個人からの100円、1000円単位の募金だった。集まった募金は求職中の選手への援助として支給された。西田も職が決まる前は支給を受けた一人だ。

「ありがたいこと。助かってますの一言です」。そう西田は言った。

釜石にやってきて1カ月足らず。北上市で行われたリコーとのオープン戦で、西田はスタンドオフとして、初めてシーウェイブスの一員としてプレーした。シーズンが始まると背番号14をつけ、ウイングとして出場。公式戦デビューとなった日本航空戦では2トライを決めた。ウイングで4試合に先発した後、今度は司令塔のスタンドオフでもプレーした。

サニックス時代、西田と同僚になった選手に、日本代表ウイングとして91、95年のワールドカップに出場、世界選抜にも選ばれた吉田義人がいた。吉田は西田と同じように03年度のシーズンを終えた時点でサニックスから戦力外通告を受け、現役生活にピリオドを打った。「今まで足では誰にも負けなかったオレが、2番にしかなれなくなった」。引退を決意した理由を問うと、吉田はそう言った。吉田が、走って勝てなかったと言って挙げた名の一つが西田登喜だった。

西田は、短距離のスピードでは吉田にかなわなかったが、中距離ではサニックスの誰にも負けなかった。

自分は身体が大きいわけでもないし、有名大学でプレーしたわけでもない。だから西田は、チーム練習で走るときは、『どんなときでも一番で帰ってきたろ』と決めていた。その積み重ねが何らかのかたちでラグビーに現れると思っていたからだ。練習でも試合でも、ディフェンスでは『頭から突き刺さるしかないやん』と思っていた。

サニックス時代のチームメイトには、元オールブラックスで「世界一のスクラムハーフ」

西田登喜（2006年度プレシーズンマッチ：06.07.23 秋田ノーザンブレッツ戦）

とうたわれたグラエム・バショップ*もいた。そのバショップが、チーム練習が終わると一人でキックの練習をしていた姿に、西田は衝撃を受けた。「そしたら、オレらみたいなワケわからんヤツは、練習が終わってからもう一回３０００メートル、５０００メートル走って、また1万メートル走らんとアカン」。そう思っていつも走っていた。

釜石に来て11カ月が経過した２００５年4月、西田は4つ目の職場、東北地方一円で医薬品の卸・販売を行うバイタルネットという会社の釜石支店に職を得た。釜石支店長がシーウェイブスを応援していて、職がない選手がいたらパートで採用できるよ、と申し出てくれたのだ。

西田はまた履歴書を書いた。

タックルで顔を骨折する幼稚園教諭

1年足らずの間に4つの職場を渡り歩いた男がいれば、釜石には、他のチームでは考えられない職業のラグビー選手もいる。スクラムハーフの向井陽《むかいよう》は、幼稚園の先生だ。

向井の職場は、釜石市野田町にある甲東《こうとう》幼稚園。20名の職員と約２００名の園児を抱える私立幼稚園だ。シーウェイブスの本拠地・松倉グラウンドや、選手の多くが住む新日鉄松倉社宅から、国道２８３号線を東に向かって1キロ弱。高橋善幸事務局長や桜庭吉彦前ヘッドコーチ、仲上太一主務ら、歴代の選手・スタッフの子どもたちも多く通園してきた。

＊グラエム・バショップ＝ニュージーランド代表で91、95年、日本代表で99年ワールドカップに出場したスクラムハーフ。通算キャップはニュージーランドで31、日本で8。

現在は、シーウェイブスの3人の外国人選手の子どもたちも通う。クラブ化元年にヘッドコーチを務めたピーター・スラッタリーのアン・マーチン夫人も、この園で臨時講師を務めていたことがある。シーウェイブスが誕生した01年には園庭で園児たちに親子レクレーション行事としてラグビー教室を開催。市民体育館に場所を移した03年には141人の親子が集まった。国際感覚豊かで、シーウェイブスとは縁が深い幼稚園なのである。

向井がこの幼稚園にやってきたのは03年4月だった。

「釜石でラグビーをやりたいと言っていて、幼稚園教諭の資格を持っている選手がいるのですが、採用していただくことはできませんでしょうか」

シーウェイブス事務局の高橋善幸事務局長は、甲東幼稚園を経営する野田学園の野田武則理事長に相談を持ちかけた。男の先生も、ましてラグビー選手の採用などまったく前例がなかったが、理事長は「そういうことなら全面的に応援します」と快く採用したのだった。

「男の先生は初めてだし、最初は不安だったんですよ。でも来てもらったら凄く意欲的。子どもと接するのも上手で、女の先生とはまた違った目配りができる。本当に助かっています」

野田摩理子園長は苦笑した。

「前日に遠征試合があって疲れていても、月曜日には朝早くからキチンと来ます。朝のスクールバスにもローテーションで乗るし、それがないときは掃除をしてくれてる。ケガをしても、氷で患部を冷やしたままで仕事をしてます。それだけ情熱をもってラグビーにも仕事にも取り組んでいる姿を見せるのは、幼児教育にも良いことだと思うし、女の先生たちにもいい影響があると思いますね。男の先生は大雑把かと思ったら大違いでした」

それにしても……幼稚園教諭のラグビーマンとは、世界的にも珍しいんじゃないか。

向井は福岡県で生まれた。伯父がかつて九州代表になったラグビー選手で、久留米市にある名門スクール・りんどうヤングラガーズの創設者だったこともあり、幼稚園の年中組から楕円球に親しんだ。高校進学時には「どうせやるなら強いところで」と奈良の天理高へ進学。天理高ラグビー部では3年でウイングのレギュラーポジションをつかんだが、高3の花園予選準決勝で弱気なプレーをしてしまい、決勝ではメンバーから外されてしまった。天理高はその決勝で敗れ、ライバル御所《ごせ》工業高に花園初出場を許してしまう。それまでは「高校でラグビーは終わりにしようかな」と思っていたが、大事な決勝でメンバーから外され、しかもチームが負けてしまった……このままじゃ終われない、と向井は思った。

向井は高3の春、天理高が盛岡工業高ラグビー部の50周年記念試合に招待されたときに、盛岡大ラグビー部の監督に声をかけられた。ウチの大学はこれからラグビー部の強化に力を入れる。体育学部ももうすぐできるし、一緒に強くしないか……。

盛岡大には文学部の児童教育学科があった。向井は児童教育に興味があった。母も保育士で、それを意識したわけではなかったが、自分は普通のサラリーマンには向いていないだろうと漠然と感じていた。モノをつくったり売ったりするよりも、時間をかけて人と向き合う仕事をしたい気がしていた。

ところが向井が入学する矢先、大学の事情が変わったらしく、盛岡大の体育学部設立構想は吹き飛んでしまった。入学した翌年からは新入部員も激減。7人制の大会に参加することもあったが、2年生になると部員が全部で7人まで減った。

プレーを続ける舞台を失った向井は、社会人クラブ「IKタックス」に参加してラグビーを続けた。岩手県のクラブ大会で優勝も経験した。年齢層も職業も幅広い大人たちと一緒のプレーは楽しかった。向井は卒業後も盛岡に残り、居酒屋でアルバイトをしながらクラブでのプレーを続けた。福岡の実家に戻ったとしても、どんなクラブチームがあるかわからない。岩手には社会人チームは少ないがクラブの数は多く、ラグビーをやる環境は悪くないと思えた。やがてクラブの先輩が、盛岡の北隣の滝沢村で保育所の仕事を紹介してくれた。向井は保育士として働き始めた。

やがて向井はクラブ大会での活躍を認められ、国体に出場する岩手県選抜のメンバーに選ばれた。そこで釜石の選手たちと一緒になった。

向井は、釜石の若い選手に軽い口調で探りを入れた。

「シーウェイブスに入るにはどうしたらいいんすか?」

軽い口調は表向きのポーズに過ぎなかった。

釜石のクラブ化は、向井が大学を卒業して、滝沢村の保育園で働き始めた時期にもたらされた。オレにも、釜石でプレーできるチャンスがあるのかなあ……そんな夢を抱いた向井は自ら動き始めた。釜石から内陸に向かった北上市には、2000年で廃部した岩手東芝を母体に発足し、東北社会人リーグ（現・トップノース）にも出場しているクラブ「北上FORCE《フォース》」があった。釜石でやってみたいけど、今はまだ自信がない。だから、東北社会人リーグで自分を試してみて、やれると思ったらチャレンジしよう——そう思った向井は、IKタックスからすでに北上FORCEに移籍していたのだ。

だから、軽い言葉で入れた「探り」は本気だったのだ。

数日後、釜石の桜庭ヘッドコーチから電話がきた。一度会って話そうか……桜庭の提案に従い、盛岡で会った。日本代表43キャップの英雄と握手した時点で、向井は釜石へ行くことを決意していた。

向井は「釜石でラグビーができるなら、仕事は何でもいい」と思っていた。だがシーウェイブス事務局長の高橋善幸は、せっかく幼稚園教諭の免許を持っているのだから、向井にはぜひその職業に就かせたいと思った。専門の技術と資格がある。それを地域社会で発揮することは、地域貢献を目指すシーウェイブスの理念とも合致すると思ったのだ。かくして向井は、甲東幼稚園に奉職した。

多くの選手はシーウェイブスに来ると、練習に集まる選手の少なさに愕然とする。だが向井は違った。盛岡大では部員が10人にも満たない時期が多かった。盛岡や北上のクラブは練習する機会さえ多くなかった。釜石の部員やスタッフが「今日は15人集まったかどうか」と嘆いた同じとき、向井は「今日は15人も集まってる！」と胸を躍らせていた。こんなに大勢でラグビーできるなんて、高校時代に戻ったような気がした。一線のプレーから離れていた向井には練習の負荷は重く、途中でフラフラになることもあったが、それも心地よかった。同じポジションに何人もの選手がいる。簡単には試合に出られない。その中で「オレは試合に出たい」と燃えている。そんな自分を感じるのが楽しかった。そもそもラグビーを続けているのは、高校3年のときの県大会決勝でメンバーに入れなかった悔しさが原点だった。

初めて会ったとき、桜庭コーチは「スクラムハーフはできるか」と聞いてきた。向井は中学まではスタンドオフやセンター、高校ではウイング、岩手にきてからのクラブではいろいろなポジションをやったが、スクラムハーフだけはやったことがなかった。だが釜石が求めていたのはスクラムハーフだった。キャプテンの池村は関東代表や日本選抜にもたびたび選ばれる実力者だったが、そのバックアップ要員だった川上淳が前年度で引退し、郷里の秋田で発足した新しいクラブ「秋田ノーザンブレッツ」に移籍していた。スクラムハーフの補強はシーウェイブスにとって緊急課題だったのだ。向井は迷わず「やります」

と答えた。ポジションがどこだろうが、ラグビーをやりたいんだ。回り道をしてきた分だけ、自分の気持ちがはっきりとわかっていた。このチャンスを逃すもんか。

釜石での1年目、向井は日本航空との開幕戦に途中出場したのを皮切りに、シーズン15試合のうち14試合でリザーブ入り。うち5試合に途中出場を果たした。5試合のうち「本職」のスクラムハーフで出たのは2試合だけ。バックスのあらゆるポジションをプレーしてきた向井の能力は、選手層の薄い釜石にとって頼もしい存在だった。

甲東幼稚園では、最初の2年間は、留守にすることも多いことが考慮され、担任を外されていた。クラブの試合や合宿のスケジュールは自分の都合では決められない。幼稚園にとって1年で一番大切なイベントである運動会が試合と重なり、欠席したこともあった。初めて担任クラスを持ったのは3年目の2005年。だがその矢先の6月、向井は顔面骨折という大アクシデントに見舞われてしまった。盛岡で行われた明治大との試合。このシーズンからフォワードのフランカーにコンバートされた向井は、相手選手の膝めがけてタックルしたとき、相手のサポート選手の膝を顔面に受けてしまった。眼窩底《がんかてい》骨折。向井はグラウンドから救急車で運ばれ、1カ月の入院を強いられた。入院中は他の教職員に担任を代行してもらい、7月に予定されていた個々面談（家庭訪問）は、退院後の8月に自分でスケジュールを立て、暑い中を歩いて回った。ケガをした試合には会場まで応援に来て

向井陽（2006年度プレシーズンマッチ：06.07.23 秋田ノーザンブレッツ戦）

預かり保育の子どもたちに
絵本を読む「ヨーせんせい」
写真提供：向井陽

くれた園児も、テレビで見ていた園児もいて「せんせいもうダイジョーブなの？」「ケガしたときはいたかったの？」と聞いてきた。「もう大丈夫だよ」。そう答えると、心配していた幼な子の表情がパッと明るくなった。

甲東幼稚園では、夕方までの「預かり保育」も行っている。子どもたちにとっては3時のおやつが楽しみな時間だが、他の先生と違って向井はおやつを食べない。

「ヨーせんせいはなんでたべないの？」

聞かれた向井は答える。

「せんせいはラグビーしてるから、つよくなるためにスナック菓子はたべないんだ」

すると、それを聞いた子が他の園児に得意げに教える。

「しってる？　ヨーせんせいはおやつをたべないんだよ、ラグビーつよくなるためなんだよ」

だからといって、向井は子どもの前で自分を特別に見せようとしているわけではない。子どもの質問は核心を突いてくる。好きなことは好き、イヤなことはイヤ。だから自分も同じように接する。好きなことは好き、イヤなことはイヤ。カッコつけていてはもたない。

男の先生は少ないから、園児にとっては格好の遊び相手だ。体力遊びの相手は優先的に回ってくる。試合の翌日で疲れていても容赦はない。それでもどうしても辛いとき、向井は子どもに頼む。

「きのうしあいだったから、せんせいはきょうつかれてるんだ。てつだってくれよ」

手を、足を引っ張ってもらい、背中や腰を押してもらい、ストレッチを施す。向井はそれでリラックスを得る。園児はおぼろげながら、スポーツ選手の生活を知る。

「先生は何かを頑張ってるんだな、と思ってもらえればいいと思ってるんです。それで子どもが『僕も何かをガンバロー』と思ってくれたらそれでいい」

野田園長はV7の時代からずっと釜石ラグビーを見てきた。

「V7のころも見に行きました。正月、小正月は国立へ行くのが年中行事でしたね。市民みんなでバスを借り切って。市民あげてのラグビーって感じでしたね。ウチは主人が製鉄所にいて、下の子がラグビーをやってたんです。みんなで夢中になって応援してました。ただ、あのころは強かったですけど、外へ出て行ってする試合がほとんどでしたしねえ。選手も『製鉄所のラガーマン』という感じでした。シーウェイブスになってからは、市役所とか清掃企業とか、市民に近い仕事をしている選手も増えてますし、今のほうが親しみを感じますよね」

万能《イケメン》バックスは自動車セールスマン

さまざまな思いを胸に、若者たちはラグビーをするためこの町にやってくる。王座を離れて20年以上が過ぎてもなお、釜石はラグビーの聖地なのである。

では、地元・岩手の若者にとっては？

スタンドオフ、センター、ウイング……バックスすべてのポジションをこなす藤原誠は盛岡の南、紫波町に生まれた25歳。盛岡工から日大を経て２００４年にシーウェイブスに入った。シーウェイブス誕生1年目に加わった川原太一と同じ経歴だが、8歳の年齢差は、釜石への視線をまったく違うものにしてしまう。

「V7の記憶は全然ないです」

そう藤原は言い切った。釜石ラグビーに関する最初の記憶は中学1年の秋、地元・紫波町で東日本社会人リーグの試合「新日鉄釜石×伊勢丹」が行われ、仲間と一緒に出かけ、伊勢丹の日本代表ウイング吉田義人を「すげえなあ」と思って見ていたことだ。やられているのが地元のチームだという感覚はなかった。

釜石へのイメージが変わるのは大学時代だった。卒業後の進路を考え始めたころ、ちょうどテレビのドキュメンタリー番組がシーウェイブスを取り上げていた。

「岩手にこんな、カッコいいチームがあったのか。コレは戻ってこなきゃいけないないなと思いました」

藤原は、盛岡工業高3年で主将を務め、花園の全国高校大会でチームをベスト8に導いた。日本大に進学した00年にはU19日本代表としてアジア選手権と世界ジュニアに出場、02、03年にはU21の世界選手権にも出場した、将来を嘱望されるプレーヤーだった。トップリーグはすでに発足し、藤原のもとにはいくつかのチームからオファーが届いていた。

藤原が在学していた当時の日大は、4年間のリーグ戦順位が4位→4位→7位→5位。大学選手権は最高で1回戦敗退。指導陣にもトラブルがあるなど、ラグビーに集中できる環境ではなかった。藤原自身は能力を高く評価されていても、国内シーンでは活躍する舞台がなかった。

「大学でスッキリ決着がつかなかったし、ラグビーは卒業しても続けたいとは思っていました。でも、何の縁もゆかりもなくて、ただ強いだけのチームに行くんだったら、あまりラグビーをやる意味もないかなと……」

そう思っていたところ、郷里の岩手に、新しく産声をあげたチームがあることを知った。ちょうどそのタイミングで、釜石の高橋善幸からも誘いがあった。高橋は東京まで出てきて、シーウェイブスがどんな理念でクラブを立ち上げ、活動しているかを熱く語った。

藤原は、シーウェイブスというクラブに魅せられた。心は傾いた。だがネックもあった。釜石へ行こうと心が固まった矢先、シーウェイブスが藤原に用意した職場を知らせてきた。それは自動車販売会社の岩手トヨペットだった。

藤原は、誘われて釜石へ行く以上、新日鉄で採用してもらえるものだと思っていた。

「もちろん新日鉄に入りたかったですよ。話を聞いても、それなりの人数を入れると聞いてましたから」

それなりの人数を入れるのはクラブの話、職場はいろいろなところに散らばる。それは理解していたが、当然、新日鉄もそれなりのバックアップをするものだと思っていた。誘われて加わる以上、自分は新日鉄で採用されるものだと思い込んでいた。その思いが裏切られたときは、やはり心が揺れた。だが高橋が東京にやってきて、選手が多くの職場に散っていることの意義を藤原に説いた。多くの職場で、多くの人と接点を持って、多くの人に支えられて活動することにシーウェイブスの存在理由があるんだ。

高橋には違う考えもあった。高橋は藤原から、現役を引退した後も郷里の岩手に残りたいという希望を聞いていた。だが新日鉄の社員として採用された場合、引退後はどこへ異動を命じられるか未知数だ。だからといって、新日鉄を退社して他の仕事を探そうにも、そのとき県内にどんな仕事があり、藤原がそこで戦力と評価されるかどうかもわからない。高橋は高橋なりに、藤原の前途を考えていたのだ。

藤原の胸には再び、シーウェイブスというクラブに参加したい思いが湧き上がってきた。2004年4月、藤原は釜石シーウェイブスの一員となった。

クラブの理念に共鳴し、意義を理解して、より恵まれた他チームからの誘いを断って、藤原は釜石へやってきた。岩手の地理的・環境的条件は同県人として理解している。それでも実際に釜石にやってきて仕事とラグビーの生活を始めると、予想以上の現実が降りか

地元・岩手出身の藤原誠（2006年度トップイースト11：06.11.18 日本航空戦）

かってきた。

自動車販売の仕事は「土日」が勝負だ。個人客と商談できるチャンスは、基本的には勤め人が休みの週末に集中する。だが、藤原はその日にセールス活動ができない。シーウェイブスの試合や練習もまた、土日に集中するからだ。

「仕事で他の人より遅れてしまうんで、その分平日に取り返すしかないんです。会社は基本的に月曜が休みなんですが、僕は休んでられません。たまぁにシーウェイブスが土日を休みにすることがあると、他の選手は遊びに行く計画を練ったりしてるんですが、誘われても『オレは仕事なんだよ』と答えるしかないんです。仕事の遅れを取り戻すチャンスですからね。だから僕の場合、休みの日ってないんですよ……これはちょっと予想以上の厳しさでした。ちょっと甘く考えてた面もありましたね」

春の招待試合などで大学生と話すと、「シーウェイブスっていいですね」と理念に共鳴してくれる学生もいた。だが続けて出てくる言葉は往々にして「でも……釜石ってちょっと田舎なんですよねえ、盛岡だったらいいんですけど……」

岩手出身の藤原自身も、釜石の遠さを改めて痛感していた。盛岡や花巻など内陸の大きな都市とはクルマで片道2時間。それも、神経を磨り減らす仙人トンネルとつづれ折りの山道を通ってだ。

だが、ネガティブなことばかりあげつらっていては、どんな土地に住んでも無い物ねだりを続けるだけだ。藤原は、何でもポジティブに受け止める思考の持ち主だった。

「いいこともあるんですよ。釜石って、魚とかウニとか、すげえ安く買えるんです！　まあ、それを期待してここへ来たわけじゃないんですけどね」

シーウェイブスの選手は、釜石では知名度が高い。それは自動車販売という仕事のうえでも有利な材料だ。頑張ってね。この前はいい試合だったね。ありがとうございます。頑張ってます……。商談はそんな会話から始まる。

「でも、試合に負けたときは『しっかりしろよ』とか言われるんですが」

お客さんに叱咤されるだけではない。職場では他の社員と一緒の競争にさらされ、ノルマを達成できなければ上司の叱責が待っている。そこでは、土日に仕事をできない事情など考慮されない。給料にも響く。そんなときは「何でここに来たんだろうなあ」という思いも頭をかすめるが、すぐに「でもそのくらい、社会人としては当たり前のことだなあ」と頭が切り替わる。

釜石に来て2年目の05年春、藤原はニュージーランドに留学した。アンガスの故郷クライストチャーチのマリスト・クラブで約2カ月、ラグビー漬けの生活を送った。そこでは選手たちは、当たり前のように仕事をしている。というよりも、それがどんな職種であれ、仕事があることは幸せなのだった。

マリストのチームメイトがある日、藤原に、嬉しそうに話しかけてきた。

「オレ、仕事が良くなったんだよ！　今度は鶏肉の配達なんだ。土日は休みだからラグビーもしっかりできるぞ！」

自慢するほどの仕事かよ……シーズンになれば勤務は午前だけ、午後は練習という企業も多い日本のラグビー関係者からなら、そんなツッコミが入るかもしれない。だがその目の輝きには、仕事もラグビーも丸ごと楽しんでいる充実感があふれていた。

そういうことなんだ、と藤原は思った。無い物ねだりをしていたらキリがない。今、目の前のことを楽しめないヤツは、どんなに恵まれた状況になってもやっぱり文句を言うのだろう。そんな気の持ちようは、そのまま試合でも練習でもプレーに現れる。もっといいパスを投げてくれれば……そう言ったところで、試合でパスを投げ直してもらえるわけもない。そのパスを捕って、走るにせよ当たるにせよ、自分がアクションすることで、初めて次の局面が開ける。次の物語が始まる。もっとおもしろい、次のプレーができる可能性が初めて生まれる。

それができたら楽しいよな。

だから今は、目の前のやれることに打ち込もうと思っている。

【2005年度公式戦戦績】
《トップイースト10》
9月17日　○29対21明治安田生命（盛岡南公園球技場）
9月24日　●15対38東京ガス（東京ガス大森グラウンド）
10月9日　○20対5横河電機（北上総合運動公園陸上競技場）
10月15日　●10対50日本ＩＢＭ（盛岡南公園球技場）
11月5日　●11対35ＮＴＴ東日本（盛岡南公園球技場）
11月12日　●19対29日本航空（秩父宮ラグビー場）
11月27日　●7対34三菱重工相模原（八王子市上柚木公園陸上競技場）
12月4日　△22対22ブルーシャークス（名取愛島スポーツパーク陸上競技場）
12月18日　●28対62栗田工業（栃木県グリーンスタジアム）
総合成績　2勝6敗1分（勝ち点11）8位

撮影：井田新輔

—自ら考え、走るチームに

第5章 未来——

27番目のスクラムハーフ

冬でもないのに、肌に冷たい空気が忍び寄る。

2006年6月。1年で最も日が長い季節だというのに、周囲は闇に包まれている。東京では薄手の半袖1枚で過ごす季節が続いていても、ここ釜石はまだまだ肌寒い。

闇の中、松林に覆われた土手に囲まれ、擂り鉢状になった「釜石市陸上競技場」こと松倉グラウンドの中央、フィールド部分だけに照明が当たっている。そこを目指して、夜陰から屈強な体格の男たちが現れる。シーウェイブスの選手たちだ。時計を見ると、もう夜の8時に近い。

「本当は早い時間に、日のあるときに練習やったほうがいいんですよ。でもチームなんで。練習は人が集まらないとチーム練習にならないですから」

池村章宏はそう言っていた。01年、シーウェイブスが発足したときのキャプテンは、05年度限りで退任した桜庭吉彦に代わり、06年からシーウェイブスのヘッドコーチになっていた。名簿上の肩書きは「選手兼コーチ」だが、実際に自分の練習はしていない。事実上は専任コーチだ。

前年までは、練習は主に午後7時から、時には6時半から始まっていた。市内からグラウンドのある松倉までの移動、着替え、（必要な選手は）テーピングなどの準備を考えたら、職場は6時前には出たい。だが市内外のさまざまな職場に散らばって働いている選手たちが、決まった時間に、一斉に職場を出るのは簡単なことではない。結果的に、松倉の練習に集まる選手は20人に達しないことが多かった。ラグビーの試合は1チーム15人で行われる。実戦に即した練習をしようとすれば、15人が2チーム、最低30人は必要だ。しかし、練習に集まるのが15人や16人では……。悲しいことだが、やがてそれは普通に感じられるようになってしまった。

池村は、思い切って練習開始の時間を遅らせた。

新年度が始まって間もない4月の初め、「フライデーナイト」と称して、金曜日の練習を午後9時スタートにしてみたのだ。実験的な試みだったが、その夜は選手のほぼ全員がグラウンドに集まった。「フライデーナイト」は何度か試行されたが、「さすがにそこまで遅くなくても」という声があがった。キャプテンら幹部メンバーとのオープンミーティングで確認すると、出席した全員が「8時で大丈夫」と答えた。それ以降、練習は8時スタートが定着した。練習には、常時30人以上のメンバーが揃うようになった。ただし、開始を遅らせて終了も遅くなれば、それは夕食、就寝、翌朝の起床……としわ寄せがおよんでいく。食事や睡眠がおろそかになればアスリートのコンディションにかかわるだけでなく、仕事や家庭の社会生活にも影響が出かねない。

その代わり、池村は全体練習の時間をほぼ1時間に短縮した。終了時間は前年までと変わらないようにしたのだ。成績は下降の一途をたどり、前年はトップイースト8位まで沈んだチームにとって、練習時間を減らすことは冒険だった。

だが池村の考えは違っていた。

どうやったらチームは強くなるんだろう。そのためには、練習の量や内容、質を追い求めるよりも、選手自身が成長することだと池村は考えていた。コーチングも、ゲームプランニングもすべてその次だ。

じゃあ、どうすれば選手自身が成長できるのだろう。それには選手自身が考えるようにならなければいけない。じゃあ、どうすれば選手自身が考えるようになるだろう。池村は、選手が自分から練習したくなる状況をつくろうと考えた。そのためには、物足りないくらいで練習を終わらせてしまえばいいんじゃないか。そうすれば、自分に足りないところを自分で考えて、自分でトレーニング方法を考えて取り組むんじゃないか。

もちろんシーウェイブス特有の事情、つまり今までの練習時間では選手が集まれないという現実もあった。

かくして、練習時間を遅らせる実験は決行された。その結果、「今年（2006年）は、今までで一番個人練習が多くなっている」と池村は言った。

選手自身に考えさせる。そのために打った手はほかにもある。

池村はチームのスローガンとして「ハードインプレッション」を掲げた。目標はトップリーグ昇格だ。そのためには、最低でもトップイーストで3位以内に入ってプレーオフに進む必要がある。だがシーウェイブスは前年度8位まで堕ちた「負け犬」だ。「負け犬」は、負けることに慣れ、やがて周囲も自分も負けることが自然なことだと思うようになり、いつも負けることを自然に受け入れるようになっていく。

「負け犬」が「勝ち犬」に変身するには、変身したのだというハードインプレッション＝強烈な印象を与えなければならない。それは対戦相手に対しても、周囲のファンや一般の市民に対しても。そして自分たち自身に対しても。今までのシーウェイブスとは違うんだという印象を強く刻み込まなければならない。

それを実現するためのキーワードとして、池村はスピーディ、ポジティブ、プランの3つを掲げた。何か問題が起きたとき、どれだけ素早く、前向きに問題の解決方法を見つけることができるか。その能力はスポーツに限らず、あらゆる場面で求められるマネジメント＝問題処理能力そのものだ。

練習中、池村が選手に頻繁に与えているドリルは「30秒ミーティング」というものだった。ラグビーの練習で、多くのチームが取り入れている練習方法に「アタック&ディフェンス」というものがある。一方のチームはアタックし、もう一方は止めようとする。攻撃と防御を一度に練習できる実戦的で効率の良い練習ドリルで、「アタディフェ」あるいは頭文字で「A／D」（エーディー）と略称されたりもする。アタック側は相手防御を突破してゲインライン突破、さらにはトライを狙い、ディフェンス側は相手の攻撃をゲインラインの前で食い止め、ボール奪取を狙う。そしてアタック側がトライを取れなければ、あるいはディフェンス側の防御が破られたなら、それは一方の勝利であると同時に一方には何らかの問題が発生していることになる。

そんなとき、池村は「はい30秒」と声を飛ばす。30秒間限定のフラッシュミーティング。選手たちは限られた時間で、出せる限りの情報を出し、その時間で出せる最善の解決プランを探すのだ。

「実際の試合の状況をイメージして、どうしたら本当に効率的なのかを考えたんです」と池村は言った。戦場では、長い議論を戦わせている時間はない。トライを取られてしまったとき、すぐに修正できなければ、同じ失敗を繰り返すことは明白だ。それはアタックでも同じだ。練習してきたことが試合でうまくいかないとき、「集中！」とか「気合い入れろ！」といった言葉、あるいは「ドンマイ！」といった気持ちの切り替えだけで改善できる範囲はそう広くない。相手にもの凄く足の速い選手がいた場合、その選手をマークする役目の選手に「お前も足が速くなれ」と命じても無理なのだ。

だが、短時間で修正方法を見つけることができれば、たとえば負傷者が出るなどしてゲームが止まっているわずかな時間で、チームは問題解決に向かうことができる。そして、短時間に出せない結論は、どんなに優れた回答でも意味がない。最も早く出せる解決法が、最も有効な回答なのだ。

「負けるときって、トライを取られても淡々としてるんです」と池村は言う。
「そういう様子を見ると、相手は『このチームは修正できてないな』と思うわけです。だったら同じサインがまた使えるなと思うんですよ」

コミュニケーション力。言葉の力。そこへのこだわりは、プレーヤーだったときからの池村のアイデンティティだった。

池村が神奈川の日本大学高から関東学院大に入ったとき、スクラムハーフの3年生には下級生時代からレギュラー入りした冨沢浩明（目黒高校出、のちNEC）、佐藤益昭（相模台工業高出、のち清水建設）がいた。背番号9のジャージーを目指して、4年生が2人、3年生が9人、2年生が7人。18人の上級生がひしめき合っていたところに、9人の1年生が加わった。その中には長崎北陽台高で高校日本代表に選ばれた八百山雪男《やおやまゆきお》、山梨の名門・日川高で花園ベスト8に進出した小田切優志《おだぎりまさし》がいた。2人は1年生のシーズンから公式戦に出場した。神奈川県ベスト16止まりだった日大高出身の池村は「27人いるスクラムハーフで27番目の選手だった」という。

そんなどん底のポジションからレギュラーに這い上がるために池村が取り組んだのは、先輩や、うまい同期のスクラムハーフが使う言葉を盗むことだった。

最初は、走り込んで持久力をつけることを目指した。試合中にいくら走っても疲れない体力があれば、頭を使える。焦ることなくクールな判断を下せれば、センスや瞬発力などフィジカルな土台で劣る自分でも争えると思った。あとはスクラムハーフとして必要なパスを投げる技術。これは、鏡の前でシャドウピッチングを繰り返し、自作した重いボールを投げて身につけた。

スクラムハーフとしての基本技術がようやく人並みになってくると、池村は先輩のハーフやフォワードの選手から「もっと声を出せ」と言われるようになった。スクラムハーフの仕事は、バックスにパスを送ったり、キックしたりする目立つプレーだけではない。前線でボールを取り合うフォワードの荒くれ男たちに指示を出し、働かせることが、実は仕事の多くを占めるのだ。最前線で地を這い身体を張る兵士に、戦場全体を俯瞰する視点は持ち得ない。フォワードの背後に影のように寄り添うスクラムハーフが、彼らの目となり耳となって戦況を把握し、判断し、指示を出すのだ。フォワードが必要としているのは、自分が遂行すべきことに関する情報であり、それ以上でも以下でもない。だからこそフォワードは、自分の任務遂行に迷いなく、すべての力を注ぎ込むことができる。迷いがあったら身体は張れない。

だが、「声を出せ」と言われても、どんな言葉をどんなときに出せばいいのかわからなければ何も言えない。

「ちゃんと声出せよ！」池村はたびたび、フォワードの選手から怒声を浴びた。

池村章宏（2004年度トップイースト10：04.11.28 横河電機戦）
撮影：井田新輔

じゃあ、自分よりもうまい選手は、どんな言葉を使ってフォワードを動かしているのだろう？　そう思った池村は、練習中、他のスクラムハーフが発する言葉に耳を傾けた。盗むことに集中した。フォワードがどんな状況にあるとき、どんな指示を出すと、どんな効果があるのか。どんな言葉にインパクトがあるのか。注意深く聞いた。試合があるときは、味方だけでなく対戦するチームのスクラムハーフが使う言葉にも耳を澄ませた。ポケットにはいつも小さなノートとペンを入れていた。これはと思った言葉は、忘れないうちに書き留めた。

言葉を集め続けたスクラムハーフは、3年生のシーズンの開幕戦で初めて1軍の公式戦に先発出場を果たした。「27番目のスクラムハーフ」は、2年かけて26人を抜き去り、ついに先頭に立った。以後2シーズン、スカイブルーとマリンブルーの背番号9が、池村以外の背中に乗ることはなかった。

池村がレギュラーポジションを獲得した1997年度の関東学院大は、後にオックスフォード大へ留学してケンブリッジとの定期戦に出場、帰国後はNECを日本選手権優勝の常連に導き、日本代表の主将も務めることになる箕内拓郎《みうちたくろう》が主将を務めていた。このシーズン、関東学院大は初めての大学選手権優勝に輝いた。翌98年度は立川剛士《たちかわごうし》主将（フルバック。のち東芝、日本代表）のもと、本命視されたうえで2連覇。前年の快進撃がフロックでなかったこと、箕内ら卒業した4年生の個人能力だけで勝ち取ったものではなかったことを証明した。その2シーズン、関東学院大のすべての公式戦に、池村はスクラムハーフとして出場した。途中で交代したのが4試合、フルタイム出場は20試合。池村は、関東学院大最初の2連覇において、最も長く試合に出続けた選手だった。

池村が関東学院大に在籍した4年間は、新興チームが初めての大学王座へと階段を上っていった時期に合致していた。チームには大学日本一を目指すという明確な目標があり、コーチングがあり、チームでレギュラーを勝ち取ろうという個人の思いは、大学選手権優勝というチームの標的へと、一本道で突き刺さっていた。

だが釜石に来てからは、ストレスばかり溜まっていた。

釜石に来て初めて練習した日には、チームを包む緩んだ空気に憤り、練習グラウンドからそのまま坂下功生の社宅に直行した。坂下は前年までコーチを務めていて、関東学院大の池村を釜石に勧誘した張本人だったが、池村が入社したこのシーズンはチームを離れていたのだ。

「話が違うじゃないですか。何ですかこの雰囲気は」

若かった池村は、坂下に激しい言葉を浴びせた。

「やる気ないんならやめちゃいましょうよ」

本心から、東京へ帰ろうと思った。ミスをしても平気でいる。笑ってその場をやりすごす。自分から練習に取り組む意欲が見えない。コーチの指示通り、練習時間をこなしているだけ。競争という空気はない……池村の目に映った釜石の最初の印象は、そんな悲惨なものだった。

そのくせ、チームには妙な上下関係があった。練習では「オラ若いの、声出せぇ！」、全員で走り込めば「若いのは前に出て先頭を走れ！」と声が飛んだ。高校や大学の体育会では珍しくもないことだが、池村が在学した時代の関東学院大はそんな上下関係を排したところで歴史を刻み、結果を出してきた。そんな経験を積んできた池村には受け入れられない空気だった。

選手が来ないからな……チームを覆う空気には、そんなあきらめムードも感じられた。だけど、カントーだって有名選手ばかりだったわけじゃないぞ、と池村は思った。高校日本代表の経験者は同期のスクラムハーフだった八百山と、1学年下のスタンドオフ淵上《ふちがみ》宗《そう》志《し》だけだった。箕内や、もう1学年上の仙波《せんば》優《まさる》（のちトヨタ自動車。99年11月に自動車事故で急逝）のようにずば抜けた選手も何人かはいたが、大半の選手は高校までは無名だった。それが、無駄を省いた、理に適《かな》ったトレーニングを重ね、コミュニケーションを磨き、ラグビーへの理解度を高めた結果が大学選手権優勝だった。伝統校では上級生が下級生に雑用を命じたり、やたらと仕事を押しつけたりするヘンな上下関係があると聞いた。関東学院大にはそんな余計な要素はなかった。それが強くなった秘訣だと池村は思っていた。

そもそも池村が釜石へやってきたのは、地域に密着して活動しているチームに魅力を感じたからだった。生まれたのは東京都世田谷区東玉川、育ったのは大田区田園調布。「長島サンの家も近いですよ」という、超の字がつく高級住宅地で育った池村は「一度、外に出てみないとわからないことがいっぱいあるだろうと思っていた」という。

釜石には、大学3年と4年の春に来た経験があった。関東学院大は、強豪と呼ばれるようになって間もない1991年から毎春のように釜石を訪れ、事実上の定期戦を行っていた。池村は初めてレギュラーになった3年の春に釜石遠征のメンバーに入り、4年の春とあわせて2回、釜石の松倉グラウンドで試合をした。そのときは二度とも釜石が勝ち、池村の関東学院大は敗れた。

大学生だった池村は、釜石のファンが持つ独特の空気に魅力を感じた。釜石を訪れるチームは完全にアウェーなのだが、釜石のファンは相手チームがいいプレーをしても、暖かい拍手を贈ってくれるのだった。池村もいろいろな土地で試合をしたが、ここのファンはちょっと違うなと思った。ファンの人たちも、ただ地元チームを応援しているのではなく、ラグビーそのものを楽しんでいるんだなと感じた。

だから、釜石から「ウチに来ないか」と誘われたときは嬉しかった。全国のいろいろな土地へ遠征した経験から、池村は「ラグビーをする原点は地域にある」と考えていた。釜石は地元との交流をいろいろなかたちで実施しているという。今までにないラグビーと地域とのかかわりかたのモデルを地方から発信できたらカッコイイじゃないか。

頂点から落ちたチームが、もう一度頂点を目指すのは難しいと言われていることも、池村には逆に魅力だった。不可能なら、それに挑戦したい。自分よりもうまいスクラムハーフを26人も抜いてやろうと決意したときのチャレンジャー魂が蘇ってきた。やってやろうじゃないか。それが、無印の自分を誘ってくれた釜石への恩返しになるんじゃないかと思った。

そんな思いを抱えてやってきた分だけ、失望も大きかった。

池村を失望させた緩んだムード、それを生んだ低迷は、昨日や今日に始まったものではなかった。

V7が途切れたのが1985年度のシーズン。翌86年度は社会人大会の決勝まで勝ち進んだがトヨタ自動車に敗れ準優勝。翌87年は東北地区の代表決定戦で秋田市役所に敗れ、社会人大会の連続出場も24年で途絶えた。

翌88年に始まった東日本社会人リーグでは、1年目に5勝2敗で2位、2年目も4勝2敗1分けで3位に食い込んだが、それ以降は成績が徐々に、しかし確実に沈んでいった。90年は3勝4敗で5位、91年は4勝3敗の3位タイに盛り返したが、92年は1勝6敗の7位に転落。本来なら入れ替え戦に回る成績だったが、東北振興枠によって6位のサントリーが入れ替え戦出場を強いられ、7位の釜石が全国社会人大会への出場決定戦に進むという逆転現象が発生した。東北振興枠とは東日本社会人リーグを創設した際に定められたもので、東北地区のチームが必ずリーグに残るように規定されていた。88年のリーグ設立から92年までは東北振興枠が「2」。しかし92年に6位のサントリーが入れ替え戦に回ったことを契機に枠が「1」に縮小されると、93年のリーグ戦で最下位の秋田市役所が入れ替え戦で関東1位の東京ガスに敗れて下部リーグに転落（翌シーズンから秋田市役所は東北社会人リーグでの活動を選択した）。東日本リーグでは唯一の東北勢となった釜石は、94年のリーグ戦では東京ガスを破り、同率ながら7位となって意地を見せたが、95、96年は2年続けて全敗の最下位。それでも入れ替え戦は、実力では下と見られる東北勢と対戦した。通常の入れ替え戦なら、下部リーグの最上位チームは上部リーグの最下位と対戦する。なかなか昇格できない関東地区の他チームからは東北振興枠の撤廃を求める声が相次ぎ、ついに97年からは東北振興枠が完全に撤廃された。

瀬戸際に立たされた97年の東日本リーグでは東京ガスを破り7位。入れ替え戦には関東社会人リーグから2チームが出てきたが、釜石はセコムに34対11と圧勝して残留。しかし翌98年の東日本リーグは新昇格のクボタにも大敗するなど最下位に逆戻り。それでも入れ替え戦では明治生命を破り辛くも残留……。

池村が釜石にやってきたのはそんな、綱渡りのようにして表舞台に留まっていた時期だった。

当事者には事情があったはずだ。

製鉄所の象徴、高炉の火が落とされたのは1989年だった。釜石市の人口も、9万2000人を超えた1963（昭和38）年をピークに減り続けた。クラブ化した2001年にはピークの半分に過ぎない4万6000人、2004年には4万4000人台まで落ち込んだ。社会人大会に初優勝を飾った1970年（富士製鉄と八幡製鉄が合併して新日本製鉄が誕生した年でもある）に4761人だった釜石製鉄所の従業員数は、99年には244人まで減った。およそ20分の1という極端な減少だ。

当然、選手の採用もままならなかった。V7当時の釜石は、地元の高卒選手が大半を占めることで知られていたが、80年代後半からは、地元・東北の高卒選手さえ関東などの他チームへ流出していた。中には岩手県内の高校を卒業し、選手自身が釜石入りを熱望していながら採用枠がなく、泣く泣く西日本のチームへ行ってしまった、後に日本代表に名を連ねる選手もいた。

外国人選手の導入でも釜石は出遅れた。強豪の神戸製鋼や三洋電機、新興勢力ながら急激に力をつけた伊勢丹などは80年代後半から、サントリーや東芝府中、リコーなども「外国人選手の出場は1チーム一度に2人まで」という規定ができた92年から外国人選手の採用を始めたが、釜石の外国人選手初導入は95年まで遅れた。しかも第1号となった南アフリカ人センターのイアン・ムラーは戦力になる選手ではなかった。

当初は、ニュージーランド代表オールブラックスのナンバーエイトで、世界最強の万能フォワードとうたわれたジンザン・ブルックが95年に加入するはずだった。ジンザンは実際に釜石を訪れ、契約も交わした。社宅には身長193センチのジンザンに合うよう特注したベッドなどの家具まで用意した。しかし、英雄の国外流出というニュースを知ったニュージーランド国民から猛然と反対の声があがり、ニュージーランド協会の会長が事態収拾のため来日し、日本協会の金野滋《こんのしげる》会長（当時）とトップ会談を開くまで事態は進み、結局ジンザンの加入は流れてしまった。戦力となる最初の外国人選手、サモア代表ナンバーエイトのダニー・カレオパ*と、センターのラウララ・ランキルドが釜石に加わったのは96年からだった。そのころ日本の社会人ラグビーは外国人選手の導入期をとうに過ぎ、上位チームは3人から5人の外国人選手を抱えるようになっていた。

このチームは本当に勝ちたいのか？　選手も、スタッフも、会社も。池村は、敢えて憎まれ口を叩いた。

だが結果は出なかった。

上位チームを相手にしても、接戦は演じた。池村が釜石に加わって最初の試合となった99年開幕戦の三洋戦は26対29。2000年の同じく開幕戦ではNECを25対30と追いつめた。池村と同じ99年に加わった元オーストラリア7人制代表ナンバーエイトのキャメロ

＊ダニー・カレオパ＝愛称DK。釜石では97年度主将。98-99年度プレーイングコーチを務めた。

ン・ピサーのスピードと破壊力、25歳の青山敦司主将の熱いキャプテンシー、20歳のセンター津嶋俊一、21歳のフルバック篠原洋介、22歳のセンター森闘志也ら若手の躍動は、近い未来の復活を期待させた。

だが勝ちきれず、結果は出なかった。99年は東日本リーグ最終戦で伊勢丹を破り、入れ替え戦でも日本IBMを破って残留。このとき「冗談ですけど、これで入れ替え戦もV7です」と安堵のため息をついた高橋善幸監督の言葉は、結果的に不吉な予言となった。翌2000年、東日本リーグは2年ぶり4回目となる全敗で最下位。その直後に新日鉄が所有するスポーツ部をクラブ化することが発表され、このシーズンから導入されたチャレンジシリーズが始まり、その最終戦で三菱重工相模原に1点差で敗れ、東日本リーグからの陥落が決まった。皮肉なことに、釜石に引導を渡した三菱重工相模原には、時代が違えば釜石フィフティーンに名を連ねていたかもしれない東北出身の高卒選手が7人も含まれていた。

01年4月。クラブ化された釜石で、池村は初代のキャプテンに指名された。釜石に来て3年目のシーズンだった。

池村はクラブの名前を海にちなんだシーウェイブスに決め、シンボルだった赤い炎のジャージーを変え、生まれ変わったクラブのアイデンティティをかたちづくっていく作業を、強引なまでに牽引した。

だが、名前やジャージーの色が変わっても、釜石はそれまでと同じように、結果を出せなかった。選手たちは、それまで負けてきた理由がジャージーのせいではなかったという当たり前の現実を突きつけられた。

01年度。関東社会人リーグ1部A、5勝2敗、4位。チャレンジリーグ予備戦でブルーシャークス（元・清水建設）に敗れてシーズン終了。

02年度。関東社会人リーグ1部B、7勝0敗、1位。全国社会人大会出場決定戦でNEC（東日本リーグ7位）に敗れてシーズン終了。

03年度。トップイーストで6勝3敗、3位。トップチャレンジで敗退するも、新方式の日本選手権に出場。東海大に勝ち、関東学院大に敗れてシーズン終了。

04年度。トップイーストで4勝4敗1分、5位。プレーオフにも進めずシーズン終了。

アンガスや川島和也、高橋宏助らの加入でチームが活性化した02年をピークに、成績は残酷なまでに明白な下降線をたどっていた。

4年間が過ぎた05年度、キャプテンの座は津嶋俊一に移った。肩書きの消えた池村は、ヒラ選手として全試合にフル出場した。キャプテン時代よりも自分の練習に打ち込める時間は増えた。だがシーウェイブスの成績の下降線は、さらに傾斜を深めてしまう。

05年度。トップイーストで2勝6敗1分、8位。最終節で日本航空が勝っていれば、シーウェイブスは9位に転落する可能性もあった。その場合、トップイーストの下に位置する関東社会人リーグとの入れ替え戦出場どころか、自動降格してしまう危険性すらあった。トップイーストからトップリーグに昇格するチームよりも降格してくるチームが多い場合、リーグのチーム数を適正に保つため、同じ数のチームが関東社会人リーグへ自動降格することが決まっていたのだ。

ファーストジャージーは広告だらけ

２００６年。桜庭吉彦は4年間務めたヘッドコーチの座を辞した。桜庭から現場の指導を任されていたニュージーランド人コーチのケリー・ハンセンも同時に退いた。

事務局長の高橋善幸には、新しい指揮官選びの仕事が降りかかった。

高橋は当初、外国人の監督を招聘するつもりだった。以前在籍していた外国人選手のルートを通じて、候補者をリストアップする作業も始めようとしていた。だがそのころ、池村に聞かれた。

「来年のスタッフはどうするんですか」

高橋は迷った。チーム生え抜きでコーチ候補になる可能性があるとしたら、現時点では池村以外にはいないだろう。だが池村は29歳。まだ現役プレーヤーで活躍できる年齢であり、選手層の薄いシーウェイブスでは貴重な戦力だ。

トップリーグ昇格への道（例：2006年度シーズン）

(1) トップチャレンジ1

トップイースト、トップウェストA、トップキュウシュウA各リーグの1位チームが集まり、総当たりリーグ戦を行う。

条件 ①3チームのうち、1位と2位は次年度のトップリーグ昇格
②3位はトップリーグ12位と入れ替え戦

1位：九州電力（トップキュウシュウA）→昇格
2位：三菱重工相模原（トップイースト）→昇格
3位：近鉄（トップウェストA）
→日本IBMと対戦→敗戦（昇格できず）

(2) トップチャレンジ2

トップイースト、トップウェストA、トップキュウシュウA各リーグの2位チームが集まり、総当たりリーグ戦を行う（トップイーストはリーグ戦2位の東京ガスと3位のNTT東日本がプレーオフ。東京ガスがトップチャレンジ2進出）。

条件 3チームのうち、1位のみトップリーグ11位と入れ替え戦

1位：ホンダ（トップウェストA）
→リコーと対戦→敗戦（昇格できず）
2位：東京ガス（トップイースト）
3位：マツダ（トップキュウシュウA）

◎2006年度トップリーグ順位

1位	東芝
2位	サントリー
	⋮
11位	リコー → 入れ替え戦へ
12位	日本IBM → 入れ替え戦へ
13位	セコム → トップイーストへ自動降格
14位	ワールド → トップウェストAへ自動降格

◎2007年度トップリーグ

	東芝
	サントリー
	⋮
残留	▶▶リコー（入れ替え戦で勝利し残留）
残留	▶▶日本IBM（入れ替え戦で勝利し残留）
昇格	▲九州電力（自動昇格）
昇格	▲三菱重工相模原（自動昇格）

だが話していると、池村の口からはチームを再建するためのプランが次々と飛び出してきた。

ひょっとして、おもしろいのかもしれないな。というより、池村はコーチをやりたいんだなあ……高橋には、池村の気持ちがダイレクトに飛び込んできた。

高橋は頭の中で、池村をヘッドコーチに据えたらどうなるかをシミュレーションしてみた。一人で突っ走る性格は変わらないだろう。だが、シーウェイブスの初代キャプテンに指名してからの5年間で、池村も数え切れない経験を積んだ。ケガをして試合に出られないことも、ラグビーを続けるモチベーションを失い、引退すると言い出した時期もあった。高橋はそのたびに池村と話し合ってきた。以前は感情を直接ぶつけるような激しい言葉が多かったが、29歳になった今は、価値観の多様性について、前よりも幅のある見方ができるようになった気がする。やらせてみてもおもしろいんじゃないか……。

それにしても、自分も表に出る必要があるな。高橋はそうも思った。高橋自身、シーウェイブスの最初のシーズンに監督だったとはいえ、現場の指揮はすべてヘッドコーチのピーター・スラッタリに任せていた。オーストラリア代表のスクラムハーフでワールドカップに出た経験もあるピーターは、釜石に一切キックを使わずにボールを継続し続ける攻撃プランを導入した。どこからでもボールを動かし続けるその冒険的なスタイルは、上位チームとの戦いでは一定の成果を見せたが、実力の接近した相手が研究して対策を練ってくるとあっさり足下をすくわれていた。釜石は絶対にキックを使わないのだから、相手は思い切って前に出るディフェンスでプレッシャーをかけた。そんなときには選手が臨機応変の判断でキックを使うのが当たり前だが、純朴な釜石フィフティーンにそんな芸当は難しかった。ファンからもメディアからも、ピーターの指導力に疑問を唱える声が湧き上がった。

「ゼンコーがホントにやりたいことをやれよ」

親しい仲間からは、何度もそう言われた。だが、一度任せた以上、途中で切ることはできなかった。クラブ化1年目のシーズンが終わったとき、高橋はピーターを解雇し、自らも監督を退き、シーウェイブス事務局長という運営サイドに下がった。グラウンドでやり残したこともある……胸の底にはそんな思いもあったが、クラブの現実に、そんな思いの入り込む余地はなかった。他の社会人チームなら、会社の総務部門や福利厚生部門のスタッフが、チームを支える運営、事務、経理、広報活動などを担ってくれる。だがクラブではそれらも自分たちでやらなければならない。社内にも社外にも顔が利き、ラグビーとクラブの両方の事情を知る人間として、高橋は事務局の作業に専念しなければならなかったのだ。

だが、池村をヘッドコーチに据えるのならば、据える者の責任として、自分も現場に出る必要があるだろう。

現場に戻るならば、今まで自分が切り盛りしてきた事務局をどうするのか。高橋の頭に浮かんだのは、関東ラグビー協会の事務局スタッフとして働いていた増田久士《ますだひさし》のことだった。クラブ化当初の段階で、高橋は関東ラグビー協会との細かい調整に忙殺された。クラブ化した釜石が従来通りの社会人リーグに参加するには、関東協会だけでなく日本協会の規約も改正してもらう必要があった。従来通りの活動承認を願ってファンが集めた署名の束を届け、各方面へ請願活動する高橋が関東協会の事務局に立ち寄るたび、第三者の視点からいろいろなアドバイスを送ってくれたのが増田だった。増田は東京大学ラグビー部のOBで、関東ラグビー協会の事務作業をしながらいろいろなチームの運営ぶりをつぶさに見てきた。増田は高橋の誘いを快諾し、家族とともに釜石へ移り住んだ。新しい仲間がまた、仙人峠を越えてやってきた。高橋はグラウンドに戻った。肩書きはチームディレクター。背広組に思われそうな役職だが、練習グラウンドに出るときにはスパイクを履いた。

増田の加入は、高橋がそれまで頭に描きながら、なかなか実行に移せなかったさまざまなプランを実行に移す契機となった。

06年5月26日。シーウェイブス事務局のある、釜石駅に隣接する「釜石シープラザ」で、5日前に横浜・三ツ沢で行われた関東学院大とのオープン戦の映像を上映するビデオ上映会が開催された。遠隔地の試合まで、地元のファンはなかなか出かけることはできない——そんな思いにこたえようとするイベントは、以後、主要オープン戦のたびに行われ、やがて毎週の行事として定着。そこでは試合内容や、ときにはレフェリングに関する熱い議論さえ行われるようになった。かつてアンガスが釜石へ持ち込もうと夢想した、地域の人々に開かれたクラブハウスの空気が、少しずつ生まれてきた。

高橋は他にもいろいろなプランを持っていた。市内の小学校6校、中学校6校すべてに月1回のタグラグビー教室を開催した。高橋は、学校や関係者へ挨拶に行き、シーウェイブスの活動を紹介するたびに「我々のテーマは釜石市民が、岩手県民が元気になることなんです。シーウェイブスが、そのための役に立ちたいと思っているんです」と話した。ラグビーの普及、シーウェイブスの強化を訴えるのはこちらの理屈でしかない。大義は釜石という地域、岩手という地域の活性化であり、人々が元気になることにある。そのきっかけをつくることこそがシーウェイブスの存在理由、地域の人々に支えられて、自分たちがラグビーに打ち込ませてもらえる理由なのだ。

そのために、シーウェイブスと地域の距離をより近くしよう。何でもいいから役に立つことをしよう。「いいこと」をしよう。まるで相撲取りみたいだが、市内で移動献血があれば、チームの誰かが率先して参加した。釜石の夏を彩る祭り「釜石よいさ」にも選手総出で駆けつけた。

地域の人に普段の練習を見てもらうため、市街地にある上中島多目的グラウンドでの練習を増やすことも考えた。平日の夜、そこで練習できれば、市民とシーウェイブスの距離もより近くなるのではないか。そのための方策を考えているうちに、新日鉄の施設で使われなくなった照明灯を移設できれば安くあがるな、という妙案も思いついた。遠隔地での試合に合わせ、応援バスの運行も企画した。いくつかのプランは実行に移され、いくつかは持ち越しにされた。そして06年度、増田が加わったことで、いくつかの持ち越されていたプランが実行に移され始めた。

スポンサー企業からの支援もじわじわと増えていった。その象徴は試合で着用するジャージーだ。

メインスポンサーの「新日本製鐵」、背中の「amino value」、パンツ右裾の「LAWSON」など全国ブランドの大企業だけではない。ジャージーの右袖の「ナカタ」は釜石市内で5店舗を展開する薬局チェーン。パンツ左裾の「仙人秘水」は釜石鉱山に隣接する水源地で採取するミネラルウォーター。左裾の「VESPA」は岩手を本拠地に、県内産の果実でつくる健康飲料などを製造・販売するブランド。ウォームアップ用ウインドブレーカーの背中には東北6県で畜産用飼料を製造・販売する「北日本くみあい飼料」……地域に密着した企業のロゴがズラリ並ぶ。ジャージー左袖の「Pastel」という愛らしいデザイン文字は、本社の所在地こそ釜石から遠く離れた愛知県だが、かつてV7戦士として「13人トライ」にも参加した角《すみ》（旧姓・小林）日出夫が社長を務める「チタカ・インターナショナル・フーズ」が全国に展開するデザート・外食チェーンのロゴマークだ。他にも、岩手県内に2つの工場を持ち、釜石製鉄所でつくる線材（ワイヤーなど）から金網などを製造している小岩金網（本社・東京）、釜石に水産加工冷凍食品の工場を持つ阪神低温（本社・兵庫県）……。ジャージーには、大小さまざまな企業やブランドの広告がひしめく。色もデザインもバラバラ。統一感を見いだすことは難しい。それが逆に、多彩な企業や組織、そして多くの個人がシーウェイブスというクラブを支えているという事実を雄弁に物語っている。

釜石のジャージーはすでに、赤を青に変えるとか、どの色は弱そうだとか、イメージを云々する段階を通り過ぎたのかもしれない。

ピクニックでチームビルディング

新日鉄本社の中にも変化は生まれた。釜石勤務経験のある東京本社の社員を中心に有志が集まって、シーウェイブスの人材リクルートをサポートする動きが生まれたのだ。

新日鉄は富士製鉄と八幡製鉄の合併によって誕生した巨大企業である。釜石製鉄所は今では高炉の火も消え、他の製鉄所で生産した鋼材を線材に加工する小規模な事業所になっているが、新日鉄関係者の間では「母なる製鉄所」と呼ばれている。釜石製鉄所が縮小されていく過程で、釜石で育った多くの技術者が他の事業所へ散らばっていき、名古屋や大分など、最新の技術と予算を投下した最先端の製鉄所をつくり上げる原動力となったからだ。

現在のシーウェイブスは新日鉄以外の職場から多くの選手を迎え入れている。すでに新日鉄の所有物ではない。だからこそ、釜石の地に事業所を持つ企業として、シーウェイブスに優れた人材を送り込みたい、送り込む手助けをしたい——社員の間から生まれた釜石サポートチームはそう考え、高橋の意を受けながら大学生選手とコンタクトをとった。立ち上がったのはかつての釜石を知る世代だけではない。新日鉄には、シーウェイブスに参加している選手のほかにも、強豪大学でラグビーに打ち込んだ経験を持つ社員もいた。彼らも先輩・後輩のつながりを活かしながら、現役の大学生にシーウェイブスの魅力と現状を説いた。シーウェイブスには何が必要か、チームは君に何を求めているのか、君はチームに、地域に何ができるのかを説いた……。

かくして、ある者は新日鉄で、ある者は違う職場で採用され、関東の強豪大学で活躍した中心選手も釜石に加わり始めた。

新日鉄で採用される選手の意識も変わり始めた。04年に加わったロックの保坂豪《ほさかたけし》は、秋田工業高で主将を務め、進学した筑波大では1年生のシーズンから4年まで、在学中すべての公式戦に出場し続け、主将も務めた頑健な選手だった。それまでの新人選手は、1週間ほど本社で新人研修を受けるとすぐ釜石へ移り、ラグビー部の練習に合流していたが、保坂は千葉県にある君津製鉄所で、他の新入社員と一緒に三交代の現場研修をフルに経験した。シーウェイブスが愛されるには、クラブが地域に根づくと同時に、選手が職場で愛されること、新日鉄の選手なら新日鉄の社員から応援される人間でなければならないのだ。

2006年度までキャプテンを務めた津嶋俊一（2006年度トップイースト11：06.11.18 日本航空戦）

その信念は、翌年以降に新日鉄採用でシーウェイブス入りしたフランカーの岡崎英二、プロップの長沼英幸（ともに法政大出）、ウイングの菅野朋幸《かんのともゆき》（早大出）にも引き継がれた。

実はサポートに立ち上がった新日鉄社員たちは、直接の釜石ラグビー部OBではなくとも、クラブサポーターの草分け的存在だった。かつて釜石の若い選手たちは職場で支えられながら厳しい練習に打ち込み、何年もかけてトッププレーヤーへと飛躍していった。同じ職場の一員として彼らを物心両面で支えていた同僚たちは、現在のクラブ化したシーウェイブスに置き換えればスタッフであり、クラブのメンバーだったのだ。

「OBは現役の活動に口出ししない」というかつての不文律は、チームが強かったときこそ意味を持った。どん底まで落ちた今、そんな格好をつけている場合ではない――赤いジャージーを着て芝の上を駆けたわけでもない、名もなき草の根の「釜石OB」たちが、青いジャージーで戦うシーウェイブスの歴史を築く当事者に加わり始めた。

新日鉄に勤務する選手たちも、自分たちが受け身すぎたことを自覚し始めた。

06年までキャプテンを務めた津嶋俊一は、クラブ化最初のシーズンにヘッドコーチだったピーター・スラッタリの指導は、もしかしたらそのころの自分たちに合っていたのかなあ、と思い始めた。

「オレたちは頭を使うのへタ、言われた通りのことをやってるのが得意だったから、ピーターのような完全シークエンスも、アレはアレでアリだな」

恥じるのでも嘆くのでもない、あっけらかんとした口調に、自らを第三者の視点で冷静に観察していることがうかがえる。シークエンスとは、たとえばスクラムからなら、最初は誰から誰にパスを渡して誰がどこで相手のタックルを受け、誰と誰がそのポイントでオーバー、つまり相手を押しのけて、次のボールを誰と誰がどこまで運んで……と、攻撃する順番とそこに誰が参加するかをあらかじめ細部まで決めたうえで試合に臨む考え方だ。状況に応じて攻め方を変える柔軟性には欠けるが、全員が同じ意志を共有して相手に立ち向かう。その意味では力を結集しやすい戦術だった。問題だったのは、選手たちがそんな戦術の表と裏、メリットとデメリットの共通理解をつくれないまま試合に臨んでいたことだ。

「去年までも、桜庭さんに『俺たちはフィットネスが武器だ』と言われて走ってただけなんですよ」

言葉には謙遜も含まれている。「フィットネスが武器」と言われれば、程度の差はあっても、個々はその意味を考え、自分なりにそのテーマを実現する方法を考える。だがそれを他のチームメートとすり合わせ、共有する段階まで持っていけなければ、何も考えていないことと同じなのだ——津嶋の言葉は、その意味まで含んでいる。

津嶋は01年のクラブ化の際には、シーウェイブスの新しいジャージーをデザインした。

もともと絵を描くことが好きで、チームのTシャツをデザインしたりしていた。三陸沿岸の岩手県最南部、宮城県気仙沼市と県境を接する陸前高田市に生まれ、地元の大船渡工高から新日鉄釜石に入り、2年目にはセンターで東日本リーグにほぼフル出場した。クラブ化元年にインタビューしたときには「誘ってくれた大学もあったけど、勉強したくなかったから就職したんです。でもクラブ化が決まってたら、大学に行ってたかも」と、あっけらかんと本音を話してくれた。

「大学も社会人も、どっちもいいところと悪いところがある。大学の1本目で試合に出るよりも、東日本リーグで出るほうがゼッタイに凄いぞ、負けてねえぞ、というイメージはあるんです。ただ、大学ってブランドなんです。大学でスター選手だと、その後もそう見られる。あとは人数ですね。ウチらみたいに人数がいないチームだと競争心が出てこない。大学は、ヘタでも何でも部員がいっぱいいるから、池ちゃん（池村）みたいに追い込まれていろいろ考えるヤツが出てくるんです。ウチらはケガしてもそのまま試合に出る。競争がないから、向上心はあっても探求心がないんです」

当時から、冷静に自分たちを観察する視点は冴えていた。04年春には単身ニュージーランドへの留学も経験。アンガスの出身クラブでもあるクライストチャーチのリンウッドに参加し、ディビジョン2（2軍）で2カ月半プレー。ずば抜けた選手がいなくても、フィットネスが足りなくても、集中力と執着心で限界まで力を出す現実を目の当たりにしてきた。

「アリの定義ってあるじゃないですか。100匹いたら、10匹か20匹はサボる。じゃあサボるのを取り除いたらどうなるかというと、やっぱり1割か2割はサボるって(笑)。集団があれば、意識にある程度の差があるのは仕方がないこと。要は、その『上中下』という差をどれだけ少なくできるか、それがチームの総合力になると思う。

今までは試合でうまくいかない場面があると『何だ、うまくいかないじゃないか』というほうへ頭がいきやすかったんですよ、外国人コーチが決めたことをやらされてた感じだったし。でも、うまくいかないときは、じゃあどうしたらいいかを議論しなきゃいけない。確かに時間はかかるけど、チームで解決しておかないとあとで同じ問題が起きてくる。自分の問題として自分で解決するんじゃなく、チームの問題として上げないと、意識も共有できない」

そんな現状認識から、06年の釜石は、リーダーシステムを改めた。バイスキャプテン(副将)の名称をなくし「ストレングスリーダー」と「チームビルディングリーダー」の2人に分けたのだ。

「バイスキャプテンって、責任の範囲がよくわかんないじゃないですか。それよりも、各部門の係長みたいのをつくって、その部門に責任を持ってもらう。キャプテンは課長みたいな感じです」。「課長」の津嶋キャプテンの説明だ。ストレングス、つまり筋力強化はわかりやすい。秋田工—筑波大で主将を務め、ウエートトレーニングにはマニアックに取り組む保坂豪がリーダーである。
ではチームビルディングとは。
「チームの結束力を高めることです。そのために何が必要かを考えて行動する」（津嶋）
チームビルディングリーダーに指名されたのはフルバックの篠原洋介だ。東京の修徳高時代、後輩部員の父親にV7当時のウイング、宮本政志選手がいて釜石を紹介された。最初は当時の小林一郎監督に、「身体が小さいからいらない」と言われたが、諦めず夏休みに釜石まで出向いて練習に参加。「そこまでラグビー好きならやりにこい」と採用を勝ち取った熱い男だ。06年シーズン最初の「チームビルディング」は4月9日、池村ヘッドコーチや高橋チームディレクター、外国人選手も参加して行われた。食料、鍋釜食器などを分担して背負い、約20キロの山道を歩き、海岸に出て班ごとに野外炊飯。さらに歩き続けて市内に戻るという、1日がかりの団体行動だった。ゴールデンウイークには、主務としてチームに戻ってきた自衛隊OBの仲上太一（7月1日付けで正式に就任）の紹介で自衛隊滝沢駐屯地で合宿。30人が一部屋で寝泊まりし、期間中には午前3時に予告なしで叩き起こし、夜間ランニングという強行イベントも組み込んだ。過酷な集団行動でチームの一体感を形成することは、スポーツでは近年盛んになっていて、ラグビー界では2003年ワールドカップの前にオーストラリア代表ワラビーズが、熱帯雨林の軍事演習地で合宿。国内では2005年にトップリーグのヤマハ発動機が、2006年には清宮克幸新監督が

2007年度からキャプテンになったフルバックの篠原洋介（2006年度トップイースト11：06.11.18　日本航空戦）

就任したトップリーグのサントリーが、ともにシーズン前の7月に富士山登山を挙行した。

「去年までは、時間をすべてチーム練習に使ってました。でも今年は、チームの結束力をつくるため、信頼関係をつくるため、互いの個性を理解し合うためにも時間を使っています」と津嶋は言った。


振り返ってみれば、クラブ化した当初から「チームビルディング」が急務なことは明白だった。多様な職場から参加した選手たちは年齢もラグビーキャリアも幅広く、技術でも意識でも温度差は大きかった。そして新日鉄時代からの選手の中にも温度差があった。

「同じポジションに大卒の選手が入ってくると、じゃあオレは要らないのか、なんてふてくされてるヤツがいる。そんなこと言ってるんだったら、年間1万円も会費払ってやるのはもったいないから辞めてもらって構わないんです……でもホントにやる気がないんだったら、クラブ化した春先に辞めてたはず。辞めてないってことは、やる気は残ってると思うんだけどなあ」

クラブ化元年、後にチームビルディングリーダーとなる篠原はそう言っていた。だが、選手をどう集めるか、目の前の試合をどう戦うかに追われていたシーウェイブスに、そこまで目を配り、具体策を施すだけの余裕もマンパワーもなかった。

それから5年の月日が流れた。

スーパーサブとしてトライを量産したテビタ・フィフィタ（2006年度トップイースト11：06.11.18 日本航空戦）撮影：井田新輔

その間に、やる気のないように見えた選手たちが去った。一度も練習にさえ出ないまま名簿から消えた選手もいた。やる気のある選手も、ある者は年齢で、ある者はケガで、まただある者は仕事との両立に悩み、苦しんだ末にクラブを去った。どの選手もかけがえのない仲間だった。チームが組織としてもっと機能していれば、去らずにすんだ選手もいたかもしれない。もっと力を伸ばした選手も、ケガを克服した選手も、仕事と両立するパワーを得て活躍した選手もいたかもしれない。

後悔だけならしないほうがいい。だが、目の前の問題に目を向けなければ、津嶋が指摘したように「必ずあとで同じ問題が起きる」のだ。

遅かったかもしれない。それでも始めたほうがいい。手遅れとは限らない。それは志半ばで去っていった選手たちの思いにこたえることでもあり、今一緒にボールを追っているチームメート、さらにはいつか一緒にジャージーを着る、未来の仲間への贈り物でもある。そしてそれは、釜石ラグビーの歴史を築いてきた先人たちへ、現在の釜石ラグビーメンが返すことのできる、唯一の答えなのだ。

2006年夏。釜石シーウェイブスは、真の意味でチームになろうとしていた。

◆一筋の光が見えた２００６年シーズン

池村ヘッドコーチのもとで戦った２００６年度、釜石シーウェイブスはトップイースト11で5勝5敗の6位。前年より勝ちが3つ増え、負けが2つ減り、順位が2つ上がった。

実は、このシーズンからトップリーグはチーム数が12から14へ拡大され、トップイーストからは前年1位の日本IBMが自動昇格。「上」のトップリーグからは陥落してこず、その補充として関東社会人リーグからサントリーフーズが、チャレンジシリーズへの出場決定戦が廃止された東北社会人リーグから秋田ノーザンブレッツが昇格。トップイーストも11チームに拡大されて迎えたシーズンだった。「上」が1つ減り、「下」が2つ増えたのだ。

勝敗だけを見れば、前年と大差なく見えた。それどころか、NTT東日本との一戦には0対53。03年から戦うトップイーストで、過去最悪の大敗まで演じてしまった。

それでも光は射してきた。敗れた5試合のうち3つは、後半ロスタイムまでもつれた、最後まで行方のわからない激戦だった。前半のうちに、あるいは後半の途中には勝負の流れを失っていた前年までのナイーブさは顔を出さなくなった。唯一、秩父宮ラグビー場で行われた日本航空戦は、3点のリードを奪われて後半ロスタイムに入りながら、しぶとく逆転勝ちに持っていった。少しずつ、逞しさがのぞき始めた。

前年は一時退場もなくフルタイム出場した池村はヘッドコーチとなり、リザーブにさえ一度も入ることなく、スクラムハーフは2年目の八重樫と向井の2人でまかないきった。サントリーから移籍した元ニュージーランド代表のピタ・アラティニはバックスの核として、フランカーのスタンレー・アフェアキはラインアウト・ジャンパーかつロングゲインを連発するペネトレイター（突破役）として、トンガ代表のナンバーエイトのテビタ・フィフィタは勝負どころで投入されるインパクト・プレーヤーとして、決定力を発揮した。アンガスが去り、桜庭もチームを退き、池村もピッチにいない。頼るべき存在がいなくなったその現実を選手は理解して戦っていた。ただ、結果を出す域には到達していなかった。

【2006年度公式戦戦績】

《トップイースト11》

（東北社会人リーグとのプレーオフ廃止に伴い、秋田ノーザンブレッツが加盟）

9月2日　○35対10　秋田ノーザンブレッツ（盛岡南公園球技場）
9月9日　●29対38　栗田工業（紫波総合運動公園）
9月24日　○49対24　明治安田生命（栃木県グリーンスタジアム）
10月1日　○32対15　サントリーフーズ（釜石市陸上競技場＝松倉グラウンド）
10月15日　●29対38　横河電機（三菱重工相模原グラウンド）
10月21日　●18対42　三菱重工相模原（盛岡南公園球技場）
10月29日　●0対53　NTT東日本（熊谷ラグビー場）
11月12日　○29対20　ブルーシャークス（盛岡南公園球技場）
11月18日　○25対21　日本航空（秩父宮ラグビー場）

12月10日　●31対33　東京ガス（関東学院大学釜利谷グラウンド）

総合成績　5勝5敗（勝ち点29）6位

●エピローグ

２００7年5月13日。盛岡南公園球技場には、懐かしい顔がいくつも見つかった。

04年度でシーウェイブスを去った高橋宏助が、豪脚を飛ばしてタッチ際に転がったボールを追う。

ボールを抱えた高橋竜次が、激しい当たりで相手のタックルを吹っ飛ばす。

在籍2シーズンでシーウェイブスを去った佐藤誠が、正確なキックをHポストの真ん中に蹴りこむ。

40歳になった桜庭吉彦が、いつものように黙々と、低い姿勢で密集に突っ込む。

01年の警視庁戦で、シーウェイブスの公式戦第1号トライを決めた真野篤司が駆ける……。

同じピッチには、07年度のシーウェイブス主将となった篠原洋介も、副将となった藤原誠、向井陽、三浦健博、長沼英幸も立ち、ボールを追っていた。

「イーハトーブリーグ」と名づけられた新リーグは、岩手県のラグビーを活性化し、地域を活性化し、同時にラグビーの普及と人材育成を目指して設立された。リーグは岩手県内6つの地域をベースとするクラブで構成され、シーウェイブスの選手は4～5人ずつ各クラブに派遣され、そのクラブの練習に参加したうえで試合に臨む。同時に、各地域クラブ所属の選手も、このリーグで実力を認められれば、シーウェイブスの一員としてトップイーストの舞台に立つチャンスをつかめるのだ。

01年にクラブが誕生して以来、数多くの選手が仙人峠を越え、シーウェイブスにやってきては去っていった。彼らの多くは、まだシーウェイブスが必要としている選手だった。だが彼らが住み、働き、家族と暮らす北上や花巻、盛岡など内陸の都市部から釜石までは、片道2時間以上という道程が横たわっていた。そして彼らはプロではなかった。仕事、家庭、体調……生活を構成するすべての要素のバランスが取れていなければ、シーウェイブスでのプレー続行は難しかった。春が来るたびに、ホームページの退部者リストには、彼らが過ごしてきた時間を想像しただけで胸が締め付けられるような名前が並んだ。

だから彼らは、シーウェイブスを去っても、ラグビーを辞めたわけではなかった。

04年度でシーウェイブスを去った高橋竜次は紫波町で活動するクラブチームのオックスに参加。05年度の国体出場をかけた東北総体には、全岩手代表の一員として加わり、シーウェイブスの選手たちとともにプレーした。川原太一はV7戦士・千田美智仁が率いる北上フォースに加わると、すぐに主将を任された。その1年前にシーウェイブスを辞めた佐藤誠は矢巾町のノーサイドでプレーを続け、さらにオックスに転じた。

釜石に住みながら、負傷が続き、04年度限りでシーウェイブスでのプレーを断念した悲運の豪脚・高橋宏助は盛岡に転勤となり、東北電力岩手支店のラグビー部でプレーを続けた。高橋の1年後、やはりシーウェイブスでのプレーを断念した元7人制日本代表の川島和也も、同じ東北電力岩手支店のラグビー部に加わった。

惜しまれながらシーウェイブスを去った、そんな男たちが、イーハトーブリーグの誕生と同時に、またピッチに帰ってきた。

「そもそもは、シーウェイブスを立ち上げて2～3年目のころ『広域化を図ろう、内陸部にシーウェイブスの支部をつくろう』という案があったんです」

シーウェイブスの高橋善幸チームディレクターは振り返る。

「そこに集まる人を増やしていけば、徐々に良い練習ができるようになると思ったんです。でも、釜石の名前、シーウェイブスの名前にはそこまでの求心力はなかった」

次には、県内の他のクラブと合併しようか、という案も出た。だが他のクラブは、実力レベルはともかく、それぞれの歴史を刻んで今日まで活動を続けてきた。釜石が「合併して一緒に活動しませんか」と持ちかけても、それは一方的な併合にも受け取られかねない。そして数年間の試行錯誤を経て、釜石シーウェイブスと岩手ラグビーは「イーハトーブ」という新たなシステムに到達した。シーウェイブスは県内の各クラブに選手を派遣し、県内のクラブリーグの充実、楽しみ方の提案、技術レベルの向上を図る。そのうえで、県内各地にいる、能力と意志のある選手はシーウェイブスに参加するチャンスを得るのだ。

無論、チャンスとは、これまで以上に厳しい鍛錬を自らに課した者にしかやってこない。これまで以上の強い意志と、負荷を高めた自主トレーニングを重ね、釜石で毎日練習する選手に対するハンディキャップを克服しなければ、シーウェイブスに加わったところで試合に出ることはできない。

それでも、今度は、平日は地元で練習しても許されるかもしれない。

去っていった選手の中には、シーウェイブスに必要な能力も体力も、自身の気力も持ち合わせながら、平日の練習に参加できないというただその一点で、プレーの続行を断念した選手もいた。そんな選手たちも、イーハトーブという新しいシステムのもとでなら、またシーウェイブスに加わることができるのではないか……。

折しも２００７年3月。釜石を目指す者を苦しめた、あの仙人峠には新しい道路が開通した。聳え立つ北上山塊には東北地方では最長となる全長４４９２メートルの新仙人トンネルが掘られ、目を眩ませる深い谷には高さ60メートル、全長４０５メートルの洞泉橋《どうせん》がかけられた。釜石と盛岡、北上、花巻など内陸部を結ぶ時間は約20分、冬の条件では40分も短縮されたのだ。

広くなった道路は、釜石にまた新しい風を運んでくるだろうか。

イーハトーブリーグの初日。リーグ設立最初のトライは「宮古釜石ヤングマン」と「紫波オックス」の試合で生まれた。開始6分、宮古釜石のフォワードは相手ゴール前のラインアウトからモールを一気に押し込んだ。シーウェイブスから派遣されたフォワード京野和也や山本倫大、前ヘッドコーチ桜庭吉彦らも一緒になって組んだ塊を押し込み、インゴールで大事そうにボールを押さえたのは赤いジャージーの背番号2、釜石ＯＢのフッカー伊藤光司（P21・第1章扉写真左端）だった。

伊藤は１９９６年に秋田の金足農高から新日鉄釜石の門を叩いた。同期には、1年目から東日本社会人リーグに出場したセンター越前谷大樹とフルバック篠原洋介がいた。フッカーは経験がものをいうポジションだったが、伊藤は東日本リーグ最後のシーズンとなった２０００年度、22歳でレギュラーポジションをつかんだ。フォワード第1列とは思えない運動量でボールを追い、常に最前線に身を置き、釜石フォワードの未来を担うと期待された。だが伊藤は、シーウェイブスの1年目、開幕から2試合に出場したあとは負傷で戦列を離れ、そのシーズンが終わると、24歳の若さでシーウェイブスを去ってしまった。

イーハトーブ開幕戦の後、「リーグ第1号トライおめでとうございます」と声をかけた。29歳になった元・有望フッカーは汗を拭きながら「ありがとうございます」と言って少し照れたような笑いを浮かべた。プレーしているときもそう思ったが、試合後の伊藤はとてもいい顔をしていた。つい「伊藤さん、まだ若いんですよね」という言葉が口をついて出た。

そうですね……伊藤は少し、頬を緩めて答えてくれた。

「あのときはケガもあったし、いろんな事情が重なってしまって。タイミングが悪かったんでしょうね……」

言葉の裏には、いくつもの葛藤と、もしかしたら少しではない悔いが含まれていたのかもしれない。なにしろ引退したのは24歳。レギュラーになった矢先だった。

「最初のころは、寂しい思いもちょっとあったかな。ただ、頑固というのか、自分で一度決めたことだったし……」

一度、自分の意思で離れた人間がクラブに戻る道は用意されていなかった。それから6年が過ぎた。だが伊藤はラグビーから離れていなかったのだ。イーハトーブリーグが発足したことで、同期の篠原洋介たちとも久々で一緒にプレーした。

実は伊藤は、違ったかたちでシーウェイブスとのかかわりを取り戻していた。1年前の06年から、息子がシーウェイブス・ジュニアに入ったのを機にジュニア部門のコーチを始めたのだ。シーウェイブスのHPで「ジュニア部門紹介」をクリックし、「2006年ジュニア便り」のVOL・1を開くと、大勢のちびっこラガーマンに囲まれて、笑顔で並んでいる伊藤の姿がある。

「プレーする以上は、ホントは上を目指すのが当然ですけど、今は宮古釜石のチームの一員として、このリーグを高める手助けができればいい。リーグが盛り上がれば、子どもたちがラグビーに触れる機会も増えるだろうし、ラグビーの良さ、自分を育ててくれたラグビーの魅力を、広く知ってもらいたいと思ってるんです」

福岡ナンバーのアコードワゴンで仙人峠を越えてきた西田登喜の姿は、イーハトーブリーグの会場にはなかった。西田は06年度を最後に引退していた。トップイースト開幕の秋田ノーザンブレッツ戦で膝の十字靱帯を断裂。高校1年でラグビーを始めて以来、初めての大ケガだった。仕事を続けながら懸命にリハビリに取り組み、シーズン最後の東京ガス戦ではリザーブに復帰したが、秋に初めての大ケガをした時点で現役にピリオドを打つことは心に決めていた。シーズンが終わると西田は3年間過ごした釜石を離れ、郷里の滋賀県甲賀町に帰った。07年4月からは天理教会本部の職員として働きながら、母校の天理教校学園高校ラグビー部のコーチとして、ほぼ毎日グラウンドに立っている。もしかしたら、いつか西田の教え子が、新しくなったトンネルを通って釜石にやってくるかもしれない。

もっとも、それを待つまでもなく、もう西田はシーウェイブスに貴重な遺産を残している。プレー同様に手を抜かない西田の献身的な働きぶりに、西田を雇用していた薬品販売会社「バイタルネット」の釜石支店長は、シーウェイブスの選手をまた雇わせてくれと申し出、関東学院大から加入したプロップの今健治がその職場を引き継いだ。人は去り、また人が来る。

2007年度、シーウェイブスはチームのリーダーシステムを改めた。

新しいキャプテンにはフルバック篠原洋介が指名された。

去年までは津嶋が、チームがパフォーマンスするためのまとまり、良い雰囲気を築いてくれた。今年は、雰囲気が良くなった中で、チームが何をしなきゃいけないのか、熱意と情熱を持って引っ張れる、常に100%で試合に臨めるリーダーが必要なんだ――2年目の池村ヘッドコーチは、篠原にそう主将指名の理由を話した。

篠原は、池村と相談しながら副将を選んだ。前年の津嶋主将が廃止したポジションだったが、篠原は「自分に足りないところを補ってもらうため」その役職を復活させ、4人の副将を選んだ。

「これから若返っていくシーウェイブスにとって、リーダーとして必要な選手。地元のチームを強くしたいという熱意も強い」ことからセンターの藤原誠。

「フォワードの最年長で、みんなをまとめてアドバイスをできる」ことからロックの三浦健博。

「フォワードの核として、リーダーとして成長してほしい」ことからプロップの長沼英幸。

そして「リザーブであろうとメンバーであろうと、常に100%の力を出し切る」という姿勢を評価して、スクラムハーフの向井陽の4人だ。

その向井は、3月末から4月初めにかけて、2週間のニュージーランド留学を経験した。

「卒園式の次の朝出発して、帰ってきたのは入園式の前の日の朝。その日は自分の子供が保育園に入る入園式があって、滑り込みで間に合いました。幼稚園の先生がたには無理なお願いを聞いてもらいましたし、ニュージーランドで、いい匂いのする石鹸をお土産に買ってきて、御礼に配って回りましたよ」

向井と、やはり同時期にニュージーランド留学したフランカーの岡崎英二は、前年からシーウェイブスに加わり、オフでニュージーランドへ帰っていたピタ・アラティニの家にホームステイし、一緒にトレーニングに打ち込み、ノースハーバー代表候補の選手たちと一緒に練習した。

「ニュージーランドでも、まだ代表候補の選手たちは仕事を持ちながらやってるんです。朝6時から7時までウエートトレーニングをして、それから仕事へ行って、夕方クラブの練習に出る。そんなスケジュールなのに、朝のウエートでものすごく（自分を）追い込むんですよ。自分たちだったら妥協しそうなところでも、ものすごく追い込む。朝もそんなふうに時間を使えるんだなあと感心しました。ピタ（アラティニ）も、ウエートではものすごく追い込んでいた。僕にとっては3週間くらいの短い留学だったけど、その短い時間をいかに有意義に、どれだけ多くのことを吸収できるかと集中して過ごせたから良かったかもしれない」

向井の顔からは、充実しきった者の発するオーラが輝いていた。

厳しい環境は、強い生命を育む。つまりそれ自体がポジティブな材料なのだ。

イーハトーブリーグにしても、将来への投資、県内他クラブの活性化だけを意味するのではない。

「シーウェイブスとしては、①リーダーシップをとること、②5～6回の少ない練習でチームメークすること、③個人がゲーム経験を積むこと、この3つをテーマとして位置づけています」と池村は言った。前年、練習にフラッシュミーティングを頻繁に取り入れ、コミュニケーション能力を高めようとした池村にとっては、ラグビーで最も大切な、勝敗に直結すると考えている部分である。

キャプテン篠原は言った。

「みんな、いろいろなクラブに行けば『シーウェイブスはどんな練習をしてるの？』と聞かれるし、聞かれれば答えなきゃいけないですから。去年の1年間で、コミュニケーション能力は確実に上がったと思うけれど、この春はみんなが自分で考えるようになって、ラグビーの理解力を高めて戻ってきました」

5月20日。盛岡南公園球技場で、恒例のＩＢＣ杯が行われた。相手のセコムには、シーウェイブスを去った田村がいた。釜石は7対35で敗れたが、チームには、この日初めてシーウェイブスのジャージーを着た新しい顔があった。

背番号5をつけた柿本洋平は、立命館大からヤマハ発動機、ワールドを経て釜石に加わった25歳のロック。個人トレーニングへの真摯な取り組みとゲームでの手を抜かないパフォーマンスで、池村ヘッドコーチから春シーズン第2クールのチームMVPに指名された。

そして背番号12をつけたセンターの石川安彦は、早大から東芝府中、三洋電機と名門チームを渡り歩いてきた。山梨の日川高1年のときから全国に名を轟かせ、高校日本代表、学生ワールドカップ日本代表、日本A代表と輝かしいキャリアを積み重ね、行く先々でリーダーを務めてきた31歳は、キャリアの最後の地として自ら釜石を選んだ。石川は高橋善幸チームディレクターと会ったとき、釜石とは対戦するたびに何か特別なものを感じていたんです、と言った。

特別な伝統と、特別な新しい試み。「いろんな経験を積み重ねてきた選手に、最後は釜石で、と思ってもらえるチームに」――それは、高橋が思い描く理想のシーウェイブス像の一つの断面でもある。5月24日には、釜石応援団が呼びかけた練習見学会が開かれ、平日夜の松倉グラウンドで大漁旗を掲げたファンが見守る中で練習が行われた。シーウェイブスという特別なクラブを構成する欠かせないピースである、特別なまでのファンの熱は、今も衰えない。

そして5月末。君津製鉄所での新人研修を終えた菅野朋幸が釜石にやってきた。無名の福島高から一般入学で早大に進み、高校時代から全国に知られた推薦入学組を押しのけてレギュラーの座をつかみ、大学3年で大学選手権優勝と日本選手権でのトヨタ自動車撃破をも達成したウイングだ。ボール獲得に身体を張る選手はいても、そのボールを相手インゴールに運ぶ、ねじこんででもトライをとってやるという点取り屋が不在だったチームに、待望のフィニッシャーがやってきた。

２００７年。いくつもの試みで培った、確かな自信を胸に、釜石シーウェイブスは新しいシーズンに臨む。

また新しい、7年のサイクルが始まる。

●あとがき

記者は宮城県気仙沼市に生まれた。釜石とは、同じ三陸海岸に位置している。小学校時代には釜石から転校してきた同級生もいた。父の生まれは岩手県陸前高田市で、父の実家へクルマで向かうと「釜石　×キロ」という道路標識がひんぱんに現れた。

そんな少年時代だったから、釜石にラグビー日本一のチームがいることには親近感と誇らしさを抱いていた記憶がある。東北地方に「日本一」はそう多くない。今でもそうだが、東北6県は春夏の甲子園で優勝ゼロの地であり、ほんの3年前までプロ野球のチームも存在しなかった。記者が小中学生だったころ、金田正一監督率いるロッテオリオンズが仙台を本拠としていた時期があったが、それまで川崎をフランチャイズにしていた大洋ホエールズが横浜に移転すると、ロッテは仙台を捨て、空いた川崎へとさっさと移ってしまった。子ども心に、東北という地の疎外感を強く感じた。

そんなときだった。ロッテが川崎へ去った１９７８年度のシーズン、まるで入れ替わるように、釜石は栄光の7連覇へと足を踏み入れるのだった。

釜石が連覇の金字塔を打ち立てた7年間は、記者にとっては高校と大学の7年間に重なる。大学を卒業するとき、いくつもの会社の採用試験に落ちた結果とはいえ、何の実績も保証もないままフリーのスポーツライターという道に飛び込んだのも、釜石の戦いに背中を押されていた気がする。記者の場合は東北出身というシンパシーが入り口だったが、あのころ、東北には縁がなくても、新日鉄にも縁がなくても、釜石の強さに励まされて苦境に立ち向かったり、スポーツに打ち込んだりした人は多かったと思う。

2001年、釜石はクラブ化した。企業スポーツだけではない、ビッグクラブだけではない、個人の資格で参加できるクラブの誕生に夢は膨らんだ。記者は『Number』や『ラグビーマガジン』の編集担当者に企画を相談しては東北新幹線に乗り、新花巻で釜石線に乗り換え、陸中海岸の鉄と魚の町へ通った。池袋駅西口発の夜行高速バス『けせんライナー』に乗り込んだことも、新花巻からレンタカーを駆り、暗く狭い仙人トンネルと奈落行きの急坂におののきながら辿り着いた日もあった。首都圏が対象のスポーツ新聞である「東京中日スポーツ」に、妙に釜石の記事が多かったのは、新日鉄釜石黄金期の取材経験を持つデスクが理解と興味を持ってくれたからだ。アンガスの現役復帰・釜石入りを、記者には珍しい「トーチュウ」のスクープとして掲載できたことは、地味だが数少ない恩返しになったのではと思っている。

＊

本書は、新日鉄釜石がクラブ化を発表した2000年末から、記者が『Number』

（文藝春秋）、『ラグビーマガジン』（ベースボール・マガジン社）に執筆した記事の再録で第1章と第2章を、それ以外は、新たに取材した内容を加えて書き下ろした新規の原稿で構成しました。

取材でお世話になった皆さんの名前はここに書ききれません。

駆け出し記者の時代からクラブ化以後まで、何度も何度もお世話していただいた新日鉄釜石広報の加藤良司さんはじめ、歴代の広報、主務の皆さんにはいくら感謝しても足りません。監督、事務局長、チームディレクター……肩書きが何度変わっても、高橋善幸さんの誠実なご協力はいつも変わりませんでした。寡黙で責任感の強い桜庭吉彦さんには、何度も不躾な言葉をぶつけてしまいましたが、いつもピッチで答えを示していただきました。

試合のたび、練習のたび、疲れていても記者のしつこい取材におつきあいくださった選手の方々には、改めて深く感謝します。特にクラブ化前後の主将を務めた青山敦司さん、池村章宏さん、津嶋俊一さん、篠原洋介さんには、お疲れのところを長々と質問攻めにしてしまいました。クラブ化後にチームへ加わった選手の方々、特に川原太一さん、高橋竜次さん、高橋宏助さん、川島和也さん、西田登喜さん、向井陽さん、藤原誠さんには、失礼を顧みず何度も立ち入った質問を浴びせてしまいました。仕事の合間を縫ったり、試合後に釜石へ帰る移動のバスで話を聞かせていただいたこともありました。甲東幼稚園の野田摩理子園長にも実感のこもったお話を聞かせていただき深く感謝します。V7当時から釜石、日本代表のトレーナーを務めてこられた『ゴッドハンド』及川文寿さんにも数多くのご教示をいただきました。シーウェイブスを離れても快く話を聞かせて下さった田村義和さん、取材の手配をして下さったセコム広報の小谷たけしさん、ブルーシャークスの皆さんにも深く感謝します。

もちろん、試合では、釜石と対戦したチームの方々にも貴重なコメントをたくさんいただきました。本書を世に出せるのは、すべての皆さんが見せてくれた素晴らしいパフォーマンスと、試合後、練習後に献身的なご協力をいただけたからこそです。貴重な写真を快く提供して下さったカメラマンの井田新輔さんにも御礼申し上げます。

そして、今日のシーウェイブスに連なる釜石ラグビーの歴史を築いてきた、故・洞口孝治さんらすべての先達の皆さん、彼らを勇気づけ、一緒に歴史を重ねてきた日本一熱いサポーターの皆さんに、改めて、深く感謝いたします。

近い将来、釜石シーウェイブスが檜舞台に舞い戻ったとき、その礎を築いた人々の物語として、本書の登場人物たち、紹介したストーリーたちを思い出していただけたなら、記者としてこれに優る喜びはありません。

２００７年７月　　大友信彦

本書の第1章および第2章は、2001年2月から2004年5月まで雑誌『Number』(文藝春秋)および『月刊ラグビーマガジン』(ベースボール・マガジン社)に発表した記事を加筆・訂正し、再構成したものです。
プロローグ、第3章〜5章、エピローグは新規書き下ろしです。

第１章　日本初の本格的な地域密着型クラブへ。新日鉄釜石の挑戦
(Number 2001-02-08)
『灯は消えず』　クラブ化――終わりでなく始まり
(ラグビーマガジン 2001-04)
愛称は「シーウェイブス」に決定。10人の新戦力も加入
(ラグビーマガジン 2001-06)
始まった。クラブ化元年、釜石シーウェイブス地元初試合
(ラグビーマガジン 2001-08)
再生への船出　釜石ラグビー (Number 2001-10-04)
クラブ公式戦初トライは真野――シーウェイブス３ケタ得点＆完封
(ラグビーマガジン 2001-11)
「すきだから」――清水建設、クラブ化してブルーシャークスへ
(ラグビーマガジン 2001-11)
清水対釜石。クラブ化した両チームよ、新たな歴史を創れ
(Number 2001-12-13)
歴史的一戦。日本ラグビーの歩んでいく先
(ラグビーマガジン 2002-01増刊　全国大会展望号)
明暗――クラブ化元年、それぞれのアプローチ (ラグビーマガジン 2002-02)

第２章　現役復帰も――アンガス、東芝府中ヘッドコーチを退任
(ラグビーマガジン 2002-04)
アンガス、東芝府中ヘッドコーチ退任「４月にまた日本で」
(ラグビーマガジン 2002-05)
アンガスの新天地は釜石に！ (ラグビーマガジン 2002-06)
名門・釜石に救世主！　闘将マコーミック35歳。復帰を決意した理由
(Number 2002-07-04)
再建への絆――桜庭吉彦＆アンドリュー・マコーミック　インタビュー
(ラグビーマガジン 2002-07)
学生王者と対戦して――釜石ラグビーフェスティバル
(ラグビーマガジン 2002-08)
久々の「鉄人対決」は釜石が勝利――プレシーズンマッチ
(ラグビーマガジン 2002-11)
ブランクが養った力――アンドリュー・マコーミック、監督からの現役復帰
(Number 2002.10.24)
釜石ＳＷ＆ブルーシャークス。クラブ化２年目の対決
(ラグビーマガジン 2002-12)
確かな足跡残すも……釜石、全国は遠く (ラグビーマガジン 2003-02)
東京遠征――「復帰」２年目のアンガス、絶好調宣言
(ラグビーマガジン 2003-08)
劇的――新方式の日本選手権。釜石対関東学院大 (ラグビーマガジン 2004-04)
ARIGATO, ANGUS (ラグビーマガジン 2004-05)

大友信彦（おおとも・のぶひこ）

1962年宮城県気仙沼市生まれ。気仙沼高校、早稲田大学を経て1985年からフリーライター。現在「東京中日スポーツ」記者を務める傍ら、雑誌『Number』（文藝春秋）、『ラグビーマガジン』（ベースボール・マガジン社）などで執筆。著書に『楕円球に憑かれた男たち』（洋泉社1997年）、『再起へのタックル』（同1999年）、『南アからウェールズまで』（同2000年）、『奇跡のラグビーマン 村田亙・37歳の日本代表』（双葉社2005年）、編著に『ザ・ワールドラグビー』（新潮社2003年）、共著に『野茂&イチロー』（文春文庫1996年）や『Numberベストセレクション』（II IV、同2004年）などがある。

● 写真提供：井田新輔（Office Touch Line）

本文中のクレジットのない写真は著者撮影

釜石ラグビーの挑戦

発行日　二〇〇七年八月八日　初版第一刷

著者　大友 信彦
発行人　仙道 弘生
発行所　株式会社 水曜社
〒160-0022 東京都新宿区新宿一—一四—一二
電話　〇三—三三五一—八七六八
ファックス　〇三—五三六二—七二七九
www.bookdom.net/suiyosha/
印刷　大日本印刷
制作　青丹社
装幀　栗本 順史

ISBN978-4-88065-198-9 C0075